조선 상류 주택의 내부 공간과 가구

조선 상류 주택의

내부 공간과 가구

최 상 헌 지음

우리 문화의 뿌리를 찾아서를 펴내며

한국의 전통 문화를 세계화하고자 하는 의도에서 기획된 '우리 문화의 뿌리를 찾아서' 시리즈는 우리 문화의 독특함과 보편성을 다양한 분야에서 연구한 성과들을 국내외에 소개함으로써 세계 속에서 한국 문화의 위상과 학문적 경쟁력을 높이는 데에 그 목적이 있다.

한글과 영어로 발간되는 이 시리즈는 지나치게 학술적인 경향이나 단순한 안내서의 수준을 지양하고 한국의 전통 문화를 이루는 근간을 다양한 사진 자료를 통해 세부적으로 집중 조명해 봄으로써 우리 문화를 폭넓고 깊이 있게 이해할 수 있도록 하는 데에 그 특징이 있다.

이 시리즈는 또한 현대 문명이 유발한 문제점들을 치유하는 대안이 한국의 전통 문화의 본질 속에 들어 있다는 것을 깨닫게 함으로써 세계인들이 한국 문화의 우수성을 올바로 이해하는 데에 크게 기여할 것이다.

2006년 5월

이화여자대학교출판부

책머리에

건축의 여러 유형 중 주거 건축은 어느 건축보다 여러 면에서 본질적 중요성을 가지고 있다. 특히 인류가 최초로 이룩한 건축 유형이 주거 건축이라고 볼 때, 각 지역과 민족에 따라서 주거 건축물들은 각기 독특한 문화권을 대변하는 건축물로서 그 대표성과 상징성을 갖는다. 주거 건축에 있어서 건축의 내부 공간은 인간의 삶을 영위하기 위하여 구성된 근원적 장소로서 생활을 위한 가구 · 기물들과 함께 문화적 정체성 형성에 주도적 역할을 하여 왔다.

이 책에서는 우리 나라 전통 건축 중 조선 시대 상류 주택 내부 공간과 가구에 관하여 그 특성과 그에 내재된 사상과 의미를 고찰해 보고자 한다. 특히 하나의 집합체로서의 건축물이 아니라 그 집합체를 이루는 세부적인 구성 요소들에 관하여 심도있는 분석을 시도하는 동시에 다양한 시각적 자료를 통하여 우리 전통 문화에 대한 바르고 깊은 이해를 도모하고자 한다.

전통의 문제를 어떻게 다룰 것인가의 문제는 어제 오늘 논의된 내용이 아니다. 분명한 것은 전통을 단지 전통으로만 남겨 둘 것이 아니라 현대라는 시간과 공간 속에서 바르게 재해석되고 미래 세대를 위해 바람직한 방향으로 오늘날의 전통을 성공적으로 이루어 나가야 할 의무가 우리에게 있는 것이다.

우리 나라의 전통 건축에 대하여 언급할 때, 항상 조선 시대의 사례를 논하게 되는 것은 무슨 이유에서일까? 가장 중요한 이유는 역사적 전통성을 면면히 이어 오면서, 동시에 현존하는 사례로서 눈으로 확인하고 온몸으로 체험해 볼 수 있기 때문이라고 생각한다. 실재하는 대상에 대한 연구와 평가는 문헌으로 기록되었지만 실제로는 존재하지 않는 대상물에 비하여 신뢰도가 높다.

따라서 이 책에서는 조선 시대 상류 주택의 사례 중, 현존하는 건축물로서 가장 보존이 잘 되어 있고, 왕가의 요청에 의하여 건축됨으로써 당시의 법식에 충실하였다고 생각되는 서울시 종로구 원서동 창덕궁내의 연경당과 역시 왕가와 연관된 충청남도 예산의 추사고택을 주요 사례로 다루었다. 가구에 대한 사례는 배만실 님의 양해 아래 『한국의 옛 목가구(*Korean Traditional Furniture*)』의 사진 자료를 참조로 하여 조선 시대 상류 주택의 내부 공간과 가구와의 관계를 고찰해 보았다.

지은이

차례

조선 상류 주택의 내부 공간과 가구

I. 조선 상류 주택의 형성 배경

건축은 외부 공간과 건축 매스 그리고 내부 공간으로 이루어진다. 조선 상류 주택의 내부 공간을 언급하기 위해서는 먼저 거시적 관점에서 그 공간을 형성시킨 배경적 요인에 대하여 알아볼 필요가 있다. 우선 조선 시대가 형성된 시대적 배경을 창건의 역사와 함께 당시의 정치 · 경제 · 사회적 상황 등을 중심으로 파악해 본다. 그리고 주택 문화의 뿌리가 되는 자연지리적 특성을 언급함으로써 자연 속에 조성된 인공물로서의 주택에 미치는 영향들을 다룬다. 인문사회적 배경으로는 당시의 정치 · 경제 · 사회 · 문화 등을 통하여 형성된 사상적 영향들을 중심으로 소개한다. 마지막으로 상류 주택의 기반을 이룬 우리 나라 전통 주택들의 지역별 특성과 발달에 대하여 살펴본다.

그림 1. 수선전도 김정호, 19세기, 고려대박물관 소장

1. 시대적 배경

조선 왕조는 태조 이성계가 1392년 7월 17일 개성의 수창궁에서 즉위하면서 개국하였다. 이후 태조 이성계는 수도를 한양(서울)으로 옮겨 대외적으로는 친명 정책을, 대내적으로는 유교를 정치 이념으로 하여 신왕조의 면모를 새로이 하였다. 또한 조선은 중앙 집권적 양반 관료 제도를 기반으로 하여 정치 사회 제도를 확립하였다(그림 1).

태조 이성계는 나라의 도읍, 새 궁궐의 창건, 관료 제도, 신분 제도 등을 새롭게 만들었으며, 세종은 학자들로 하여금 수많은 서적을 발간하게 하고 측우기를 포함한 천문 기기를 발명케 하였다. 그리고 무엇보다도 자음 17자, 모음 11자 총 28자로 된 훈민정음을 창제함으로써 명실공히 문화의 꽃을 피우게 되었다.

그러나 연산군 이래 거듭되는 당쟁으로 국정은 문란해졌고, 더욱이 선조 때의 7년에 걸친 왜란과 두 번에 걸친 호란으로 전국은 폐허가 되어 통일신라 이후의 찬란한 문화 유적은 파괴되고 말았다. 그리고 17세기 이후부터 일부 지식인들 사이에 일기 시작한 새로운 개혁의 기운은 18세기 이후 숙종 · 영조 · 정조의 3대에 걸친 제2의 문예 부흥으로 인해 역사적 재정립의 기회를 가져왔다.

당시의 사회는 유교화에 주력하면서도 때마침 도래한 서양 문물에 관심을 가지고, 실학의 근대 지향으로 밀려가고 있었다. 이 새로운 실학

사상으로 인해 봉건 지배의 사회 제도가 무너지고 19세기 말엽에 가서는 거의 개화의 시대로 들어서게 되었다.

1897년 10월 12일 고종은 황제 즉위식을 환구단에서 거행하고 국호를 대한제국으로 고치면서 새로운 도약을 시도하였다. 그러나 1905년 11월 17일 한일신협약(을사보호조약)에 조인함으로써 실제적으로 조선의 국권은 상실되었고, 1910년 8월 22일 한일합방조약이 불법적으로 체결되면서 일제 강점기로 들어서게 된다.[1]

1. 대한건축학회편, 『한국건축사』, p. 416, 2003.

2. 자연 지리적 배경

지리 및 지형적 조건

한국은 유라시아 대륙의 동쪽 위도 33°~43° N, 경도 124°~132° E에 위치하고 있다. 길이는 남북 735㎞, 동서 360㎞이며, 면적은 총 220,848㎢로서 삼면이 바다로 둘러싸인 반도국이다.[2] 이러한 지리적 특징은 대륙적 성격과 도서적 성격을 동시에 갖게 함으로써 북으로는 중국, 남으로는 일본 문화의 중간적 성격을 띠게 되는 경향과도 밀접한 관계가 있다.

한반도의 지형은 경동지괴로서 전체적으로 고저기복이 적은 노년기 지형이며, 전 국토의 75%가 산지이고 전 국토의 1/3이 화강암으로 되어 있다. 이러한 지질 및 지형적 특성은 한국의 전통 주택을 건축하는 데 있어 배산지형의 선정과 함께 풍수지리설을 적용케 하였으며 주변의 자연과 조화되는 유연한 곡선을 많이 사용하게 하였다(그림 2).

기후적 조건

한반도는 북위 33°와 43° 사이의 대륙성 기후와 해양성 기후와의 점이성 지대에 위치하여 이 두 가지 요소를 지닌 해양성 기후(littoral

그림 2. 경북 안동 하회마을 전경

climate) 지역으로 되어 있다. 기온은 북부가 연평균 8°c, 중부는 10~12°c, 남부는 12~14°c가 되며, 같은 위도상의 다른 지역보다 낮다. 겨울은 11월부터 약 5개월 동안 0°c 이하의 추위가 길게 이어지는데 다행히 삼한사온 · 이한오온 등의 주기적인 기온 변화로 추위를 견디기가 비교적 쉽다. 여름 기온은 18°c 이상인 때가 6월부터 약 4개월간이고, 8월은 26°c로 기온이 가장 높다.[3]

태양이 비치는 시간은 저위도일수록 길어지며 4월부터 9월 사이에 제일 긴 달은 7월이고 12월이 가장 짧다. 11, 12월에도 평면 일사량이 2000kcal/m2/day인 날이 많고, 연평균 60% 이상이 맑은 날씨이다.[4] 강우량은 연평균 600~1500mm로서 여름인 6~8월에 50~60%의 비가 집중적으로 내린다. 겨울철의 눈은 가장 많은 곳이 294mm로 북부가 40~70mm, 중부가 40~100mm이며 남부는 20mm 정도이다.

우리 나라의 이와 같은 기후 조건은 춥고 긴 겨울과 더운 여름으로 인하여 주택 구조에서 온돌과 마루라는 특징 있는 바닥 구조를 형성하였고, 좌식 생활과 함께 그에 따른 가구가 발달하게 되었다(주남철, 『한국주택건축』, p. 8 인용).

2. 강석오, 『신한국지리학』, p. 7, 1971.
3. 위의 책, p. 82.
4. 한국태양열연구원(KSERI).

3. 인문 사회적 배경 *

정치 및 사회 제도

신흥 사대부를 중심으로 건립된 조선은 구세력의 사상적 지주였던 불교를 억압하고 신유교인 주자학을 내세웠다. 주자학이란 중국 송대의 새로운 유교 철학으로서 군주의 명분을 바탕으로 계급 질서와 정치 윤리를 강조한 사상으로 조선 시대의 국가 정치 이념이자 통치권의 밑바탕이 되었다. 즉 주자학의 왕도 사상을 통해 왕권의 신성함과 왕권 강화라는 명분을 정신적 배경으로 삼았으며, 가부장적 윤리와 삼강오륜을 통하여 가정 도덕과 사회 윤리를 확립시켰다. 따라서 정치적으로 조선 왕조는 고려와 마찬가지로 전제 군주 국가이지만 문벌보다 과거를 중시하여 이를 통해 배출된 관료들에게 모든 경제적 혜택과 정치적 특권을 부여하여 세력 기반을 확고히 하였다.[5]

조선의 관료 기구는 문 · 무 · 내(중앙) · 외(지방)의 직으로 크게 나누어진다. 중앙의 관료 기구는 문관들로 구성된 동반과 무관들로 구성된 서반인 양반이 있고, 이들은 다시 18품계로 구성되었다. 이러한 직제는 조선 시대의 신분 제도와 직결되어 양반(兩班) · 중인(中人) · 이교(吏

5. 배만실, 『한국 목가구의 전통양식』, p. 49, 1988.
* 이 장은 주남철, 『한국주택건축』, pp. 49~50, 61~64에서 인용함.

校)·양인(良人)·천인(賤人)의 5계급으로 구분되었다. 이러한 정치 기구나 사회 신분 제도는 조선 시대 주택 건축에 영향을 미쳐 소위 가사 및 가대(家垈)의 제한을 시행하였으며, 장식의 등급을 나누어서 그 규모와 공간 구성의 차이에 따라 상류 주택, 중류 주택, 서민 주택 등으로 분류하였다(표 1)(주남철, 『한국주택건축』, pp. 49~50 인용).

억불숭유 사상

억불숭유 사상은 고려 말부터 일어난 것으로 친명 정책, 토지 개혁 등 정치 운동과 함께 정권 교체의 원인 중의 하나가 되었다. 이와 같은 숭유 정책이 사회에 끼친 영향은,

첫째, 대가족 제도를 이루게 하였다는 점이다. 이는 가장을 중심으로 여러 세대가 동거하는 형태로, 사회의 기본 단위가 개인이 아니라 가족이다. 이 제도는 더 나아가 가족 제도를 지연으로 하는 집단으로 동족촌 혹은 동족 부락을 형성하게 하였다. 이러한 동족 일문이 집단 촌락을 형성한 경제적·자위적인 상부상조의 협동체는 곧 대가족의 연장이라고 할 수 있다. 또한 가계의 계승권이 장자에게 있으므로 주택에서도 작은사랑을 큰사랑 옆에 배치하는 공간 구성이 생기게 되었다.[6] 둘째, 주택 건축에 나타난 가묘제이다. 가묘제는 중인 계급 이상에서 별동으로 집안에 사당을 건축하고 신위를 모시는 제도이다. 이로써 조선 시대의 주택 건축에는 사당이라는 제사 공간이 생기게 되어 특별한 공간 구성을 이루게 되었다. 셋째, 남녀의 엄격한 구별을 가져왔다. 이는 조선 시대 주택 건축에 커다

6. 주남철, 『한국주택건축』, p. 50, 1980.

표 1. 조선조(제한령)의 개요

신분 \ 구분		간각수(間閣數)		매간(每間)의 크기 정침(正寢) · 익랑(翼廊) · 내루(內樓)		주고(柱高)		
		정간(正間)	누(樓)	보 간	도리간	평주(平柱)	고주(高柱)	누주(樓柱)
대군 공주	세종 22년	60간	10간	10척	11척	13척	12척	18척
	세종 31년	〃	〃	11척	18척	9척		
	성종 9년	〃	합12간	과량장 20척	척량장 11척	9척	13척	15척
왕자 공주	세종 22년	50간	8간	10척	11척	13척	12척	18척
	세종 31년	〃	〃	10척	17척	8.5척		
	성종 9년		합9간	과량장 19척	척량장 10척	9 척	12척	14척
2품 이상	세종 22년	40간	6간	9척	10척	12척	7.5 척	13척
	세종 31년	〃	〃	9척	16척	8척		
	성종 9년		합6간	과량장 18척	척량장 10척	8척	11 척	13척
3품 이상	세종 22년	30간	5간	9척	10척	12척	7.5척	13척
	세종 31년	〃	〃	9척	16척	8척		
	성종 9년		합6간					
서인	세종 22년	10간	3간	7척	8척	7척		12척
	세종 31년	〃	〃	8척	7.5척	10.5척		
	성종 9년		합6간			11척	8척	

[가대 제한] 태조 4년(1395) 신분 고하에 따라서 가대경결(家垈景結) 규정 『태조실록』 4년 4월 을유조
정이품은 35부, 이하는 5부씩 감해 6품은 10부, 서인은 2부, 『경국대전』 (예종 원년 1469)
대군 공주 30부, 왕자 옹주 25부
일이품 15부, 삼사품 10부, 서인 2부
[장식 제한] 세종 11년 정월
『世宗實錄』 권51, "丹靑失漆禁止, 花拱熟石規制"

출처 : 申榮勳, 『民家樣式과 構造』(『공간』, 1970. 11.)

란 영향을 주었는데, 즉 주자학의 영향으로 남존여비 사상과 삼강오륜에서의 남녀유별 사상은 여인들을 규방에 유폐시켰다. 그리하여 주택 건축에서는 안채와 사랑채를 별동으로 두어 남녀를 격리시켰고, 나아가 안방과 사랑방, 내측과 외측을 두게 되었다(주남철, 『한국주택건축』, pp. 61~64 인용).

음양오행설, 풍수지리, 도참사상

음양오행설은 '음양'과 '오행'으로 분리되었던 것이 중국 전국시대 말기 이후 하나로 연관되었다고 한다. 음양은 음과 양 같은 두 개의 상반된 성질의 대립을 의미하며, 이들 음과 양은 서로 순환 · 조화하여 우주와 인생의 생성 발전을 이룩한다고 한다. 오행은 상생상극의 설로서 상생이란 상호 생성하는 순서(목 · 화 · 토 · 금 · 수)를 말하며, 상극은 상호 전행을 극하는 순서(목 · 금 · 화 · 수 · 토)이다.

한편 풍수지리설은 '장풍득수(藏風得水)'를 요약한 말로 풍수 또는 지리 · 지술이라고도 한다. 풍수지리설은 땅은 만물이 생육하는 생명력 또는 생활력을 보유하고 있다고 보고, 이것을 땅이 가지고 있는 일종의 '기'라고 부른다. 여기서 기라고 하는 것은 땅에만 있는 것이 아니고 음양의 기는 우주만물을 생성하는 원리로서 천지간에 편재하는 것으로 본다.

도참사상은 참위설이라고도 하며 음양오행설에 기초를 둔 것으로 중국의 주나라 시대에 발생했다. 도참은 '도'와 '참'의 연칭어로 여기서 '참'은 장래의 일을 예언 · 암시하는 것이요, '도'는 도상의 뜻으로 미래에 일어날 사실의 상징 · 암시 · 표징 등을 의미하며 도참은 곧 장래의 일을 예언하는 설을 말한다.

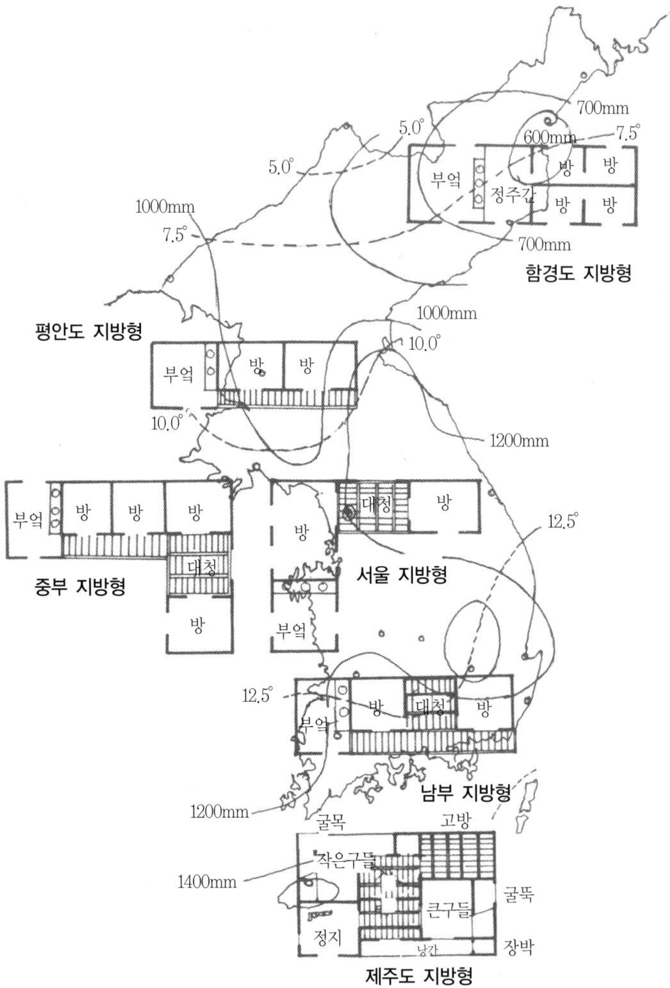

그림 3. 우리 나라 각 지방 주택 평면과 연평균 기온
출처 : 주남철, 『한국주택건축』, p. 74, 일지사, 1980

4. 조선의 주택과 상류 주택의 형성

조선 주택의 분류 및 특성

조선의 주택을 분류하는 데 있어 두 가지 관점, 즉 기후 및 풍속에 의한 영향과 사회적 신분에 의한 규모의 차이에 의한 것으로 분류할 수 있다. 먼저 지역에 따른 기후의 영향으로 인한 분류는 함경도 지방형, 평안도 지방형, 중부 지방형, 서울 지방형, 남부 지방형, 제주도 지방형이 있다(그림 3). 사회적 신분에 의한 규모의 차이에 의해서는 서민 주택, 중류 주택, 상류 주택의 세 가지로 분류한다.

서민 주택은 흔히 민가라고도 하는데 농 · 공 · 상에 종사하고, 조세와 군역의 의무를 지며, 경제적으로 빈곤한 일반 평민들의 주택으로 다른 주택에 비하여 그 규모가 작다. 중류 주택은 중인 계급과 이들보다 한 계급 낮은 군교 · 서리의 이교의 주택들을 말한다. 상류 주택은 현직 양반과 양반에 임용될 자격을 갖추고 있는, 필수적으로 경제적 여건이 어느 계급보다도 높은 신분의 주택을 말한다. 그러나 양반이라도 가난하면 서민과 다를 바 없는 주택에서 살았다.[7]

7. 주남철, 『한국주택건축』, pp. 74~75, 1980.

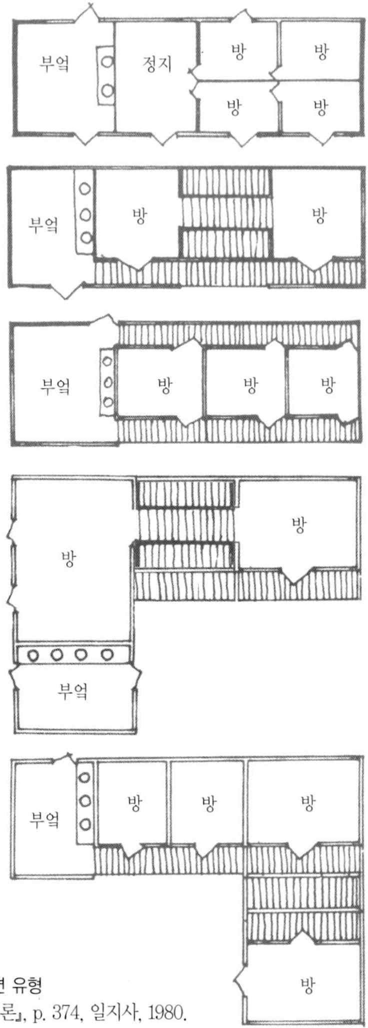

그림 4. 우리 나라 민가의 평면 유형
출처 : 정인국, 『한국건축양식론』, p. 374, 일지사, 1980.

상류 주택의 형성

『동국여지승람』의 기록에 의하면 조선 시대 상류 주택은 수도인 한양을 위시하여 전국적으로 상당수에 달하였으나 왕조 500년을 지내오는 동안 전쟁으로 다수가 파괴되었고, 목조인 까닭에 많이 소멸되어 현재 전국에 남아 있는 상류 주택은 50여 채에 불과하다고 한다.

상류 주택은 민가와는 달리 그 규모에서 현격한 차이가 나는 것을 볼 수 있는데, 소위 99칸 여섯 마당 열두 대문집이란 말은 상류 주택을 지칭하던 대명사였다.

조선 상류 주택의 공간 구성은 그 유래된 근원을 두 가지 측면에서 고려해 볼 수 있다. 하나는 우리 나라 서민 주택의 기본 평면에서 유래된 병렬 형식의 평면이고, 다른 하나는 궁전 건축에서 파생된 ㄱ자형 평면형이다. 병렬 형식의 평면과 궁전 건축에서 파생된 ㄱ자형 평면형의 서민 주택에서의 적용 실례를 통해서 볼 때 상류 주택은 궁전 건축보다는 민간 주택에 그 원형을 두고 있음을 알 수 있다(그림 4).[8]

8. 정인국, 『한국건축양식론』, p. 374, 일지사, 1980.

Ⅱ. 조선 상류 주택의 일반적 특성

1. 배치 및 평면 특성
2. 구조 및 구성 요소의 특성
3. 공간적 특성

그림 5. 경북 양동마을 전경

1. 배치 및 평면 특성

배치 특성

조선 시대 주택의 배치 특성을 살펴보면, 먼저 자연 지리적 특성에 따라 산 혹은 구릉 · 하천을 배경으로, 인문 사회적 특성에서 보여준 음양오행 · 풍수지리 · 도참사상에 근거하여 주택의 입지를 선정하였음을 알 수 있다. 그 특성은 다음과 같다.

음양의 조화에 따른 배치

상류 주택의 배치를 보면 흔히 배산임수로서, 북쪽으로 산을 등지고 남향 또는 동남향으로 위치하며, 주택의 전면에는 하천이 흐르는 택지를 가장 이상적으로 생각하였다. 즉 택지의 선정에 있어서는 양택론을, 묘지의 선정에서는 음택론이 적용되어, 소위 명당이라는 지세에 합당하도록 배치하였던 것이다(그림 5).

이러한 음양의 관계에 의해 조선 상류 주택의 배치에 있어서 방을 양적 공간, 이를 둘러싼 주변 공간을 음적 공간이라 부를 수 있다. 이때 작은 양들이 모여 보다 큰 양이 된 채를 음적 공간이 둘러싸고 이를 다시 담장 · 행랑으로 둘러싸 보다 더 큰 음과 양으로 확대되어 음양의 변화를 이룬다(주남철, 『한국주택건축』, pp. 256, 258 인용). 이것은 방안에서는 방이 안

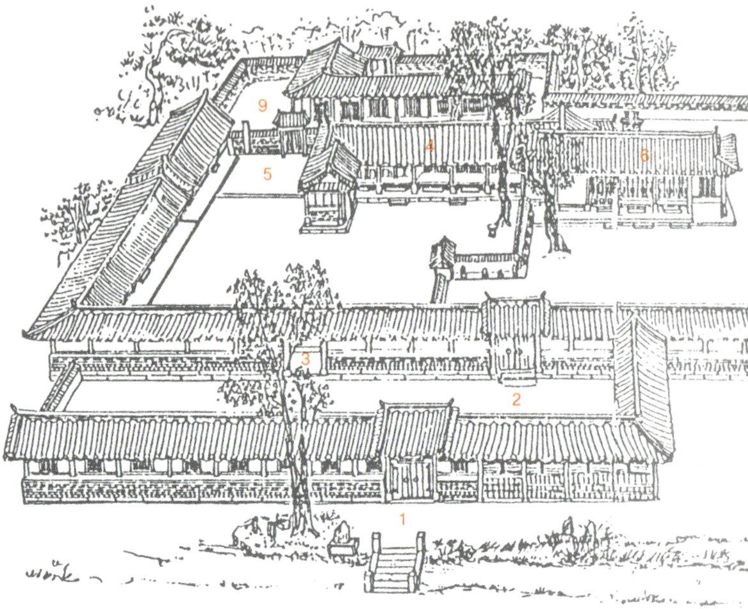

이고 대청이 밖이지만, 대청에서 볼 때는 대청이 안이고 마당이 밖인 안팎 구조[9]를 이루는 것과 관련이 있다(그림 6).

주택 규모의 확대에 따른 배치

조선 시대 상류 주택은 유교의 가족 윤리에 따른 가부장적 대가족 제도로 인해 3대 이상이 한울타리 안에 기거하였다. 따라서 각 세대가 동

9. 이희봉, 「한국건축에 기호학적 구조의 적용에 관한 연구」, 서울대석사학위 논문, p. 69, 1978.

1. 장락문(長樂門)
2. 장양문(長陽門)
3. 수인문(修仁門)
4. 안채[내당(內堂)]
5. 통벽문(通碧門)
6. 사랑채[연경당(演慶堂)]
7. 선향제(善香齋)
8. 농수정(濃繡亭)
9. 반빗간

그림 6. 창덕궁 연경당 전경
출처 : 『창덕궁』, 열화당

거하는 형태로서 '채'와 '방'이 많이 배치되어 자연히 주택의 규모가 확대되었다. 여기서 '채'는 별동의 개념으로 건물과 마당이 담에 의하여 구획된 하나의 단위이다. 건물은 또한 '방'으로 구성되어 있는데 방은 '칸'이라는 단위 규격에 의하여 형성되었다.

채의 구성은 행랑채 · 사랑채 · 안채 · 고방채 · 별당채 · 사당채 등 여섯 채로 구성된다. 그리고 각 채에는 이를 둘러싼 담과 채를 연결하기 위한 문이 있는데 각 채마다 마당이 있고, 2개의 문을 설치해야 하기 때문에 여섯 마당 열두 대문 집이 된 것이다. 그러나 일반적인 상류 주택에

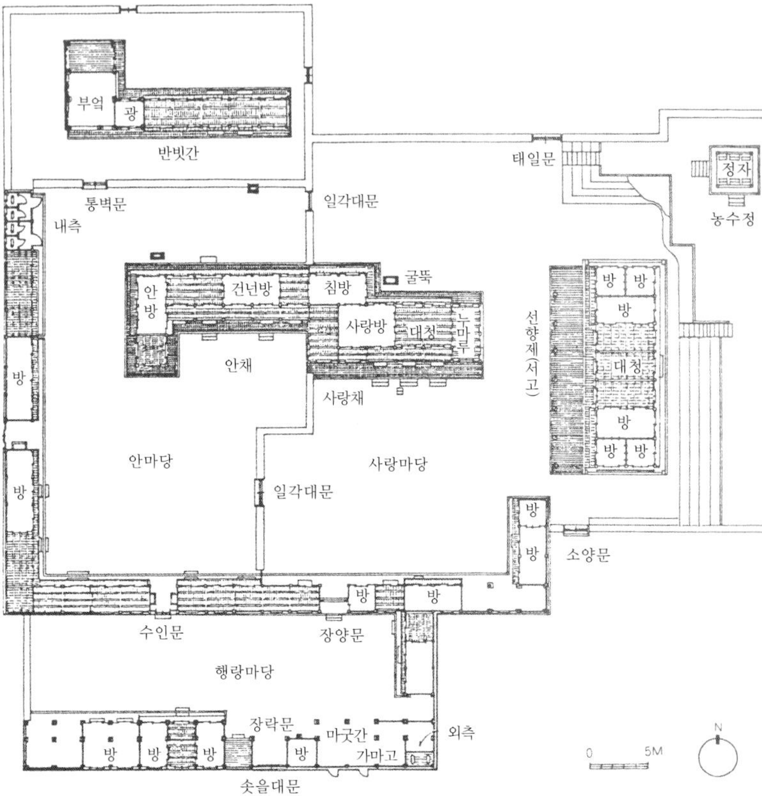

그림 7. 연경당 배치도

출처 : 주남철, 『한국주택건축』, p. 99, 일지사.

이후 본문의 내용은 『한국주택건축』, pp. 256~257에서 인용함.

서 주요한 채의 구성은 안채 · 사랑채 · 행랑채로 구성되며 채는 각각 사랑방 · 안방 · 마루방 등과 마당으로 분화된다(그림 7).

신분에 따른 배치

신분이 높은 주인은 안채와 사랑채로 배치하여 대지의 주요 부분 혹은 안쪽에 위치하도록 하였으며, 하인 혹은 노비들은 외부에서 가까운 출입구 근방에 별채 단위로 배치하였다. 별당채는 주인의 귀속 신분인 노부모나 과년한 딸, 혹은 아들 등이 거처하는 곳으로 안채나 사랑채 가까이에 배치하였다. 또한 고방채는 여자 하인들이 거처하는 곳으로 안채와 연결하여 배치하였다. 사당채는 부모를 포함하여 4대의 조상 신주를 모신 곳으로 집안의 동북쪽에 배치하였다. 연경당의 경우는 이 위치에 '농수정(濃繡亭)' (그림 8)이라고 하는 정자를 배치하였다.

남녀간 공간 분리 배치

조선 상류 주택은 내외법으로 인하여 남녀간의 공간을 엄격히 분리하여 별동인 '채' 로 독립 배치하였다. 주요 남녀 공간으로서 여성의 공간인 안채와 남성의 공간인 사랑채를 담으로 분리하여 배치하였지만 최소한의 소통을 위하여 마루나 방으로 두 공간이 연결되도록 하였다. 따라서 이 두 공간은 분리되어 있으면서도 인접한 위치에 배치함으로써 전체적인 공간 구성에 있어서는 2개의 중심 공간을 형성하였다(그림 7 참조).

비대칭 균형의 배치

각 지방의 상류 주택들은 상류 주택 배치의 일반적 원칙을 바탕으로 하여 그 지방의 지리적 · 기후 조건과 향토적 관습에 의하여 그 배치 형

그림 8. 연경당 정자 농수정

태가 다양한 모습을 볼 수 있다. 주로 ㄱ, ㄴ, ㄷ, ㅁ자 배치 형태를 보이는 상류 주택은 대칭적 배치는 거의 찾아볼 수 없는 좌우 비대칭 균형의 특성을 보이고 있다. 이는 중국의 사합원(四合院)이 대칭적 균형의 평면 구성인 것과 대조적이다(그림 9).

평면 구성 특성

평면 구성의 단위

이러한 주택 배치의 원칙에 따라 평면은 각각의 공간 기능에 따라 크기와 위치가 결정되었고, 물리적 단위인 '칸'의 조합에 의하여 평면이 구성되었다. 칸은 척도 단위로, 각각의 기둥과 기둥의 중심선까지의 거리를 말하고, 면적으로는 네 개의 기둥으로 둘러싸인 부분을 가리킨다. 이 '칸'은 시대와 장소에 따라 차이를

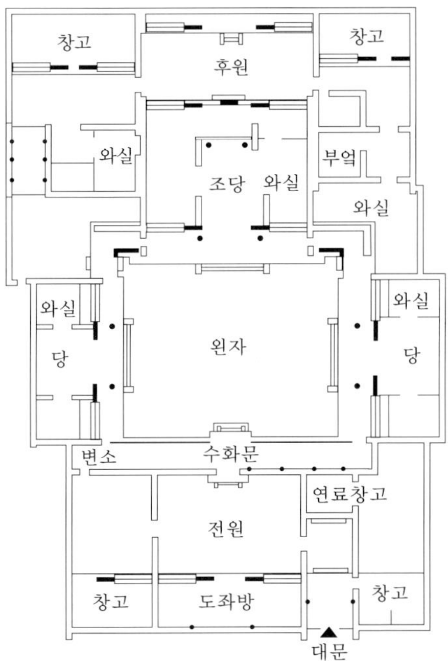

그림 9. 중국의 중규모 사합원
출처 : 손세관, 『북경의 주택』, p. 91, 열화당

보이는데 한 칸은 6자(1자 = 약 30.3㎝)에서 10자까지로 일반적으로 중간 수치인 8자를 많이 사용하였다(그림 10).

평면 구성의 순위

평면 구성의 순위를 보게 되면, 안채의 평면 구성에서부터 시작하여 중정의 위치를 정하고, 사랑채의 위치 설정에 따라 필요한 방들을 고려하여 안마당 크기를 정했다. 그리고 대문의 위치가 결정된 후, 이를 중심으로 좌우측에 행랑채를 구성하면서 사당을 안채의 동쪽에 위치시켰다. 행랑채는 외부 공간인 행랑 마당과 함께 양반집의 상징으로 불렸던 솟을 대문을 중심으로 좌우로 병렬된 행랑방과 마굿간 및 광들로써 내부 공간이 형성되었고, 청지기와 머슴들의 침소 및 작업장으로 사용되었다. 따라서 행랑채는 대문에서 볼 때 가장 바깥에 위치하였으며, 그 다음으로는 사랑채이고, 안채는 대문에서 가장 깊숙한 곳에 위치함으로써 여인들의 일상 생활이 밖으로부터 철저히 봉쇄된 평면 구성을 보여주고 있다.

평면의 구성

상류 주택은 그 평면이 채(동)를 단위로 분화되어 있으므로 각 채를 중심으로 구성의 특성을 살펴보기로 한다(그림 7 참조).

사랑채

사랑채는 외부 공간인 사랑 마당과 함께 사랑방 · 침방 · 사랑 대청(마루) · 누마루로 내부 공간이 구성되며, 바깥 주인을 포함한 남성들만의 공간으로 사색과 독서의 장소로 쓰였다.

안채

안채는 외부 공간인 안마당과 함께 안방 · 안대청(마루) · 웃방 · 건넌방 · 부엌 등의 내부 공간이 연결되어 안방의 여주인을 중심으로 여성들만의 생활 영역을 이루게 된다.

행랑채

행랑채는 외부 공간인 행랑 마당과 함께 솟을대문을 중심으로 좌우로 병렬된 행랑방과 광들로써 내부 공간이 형성되었고, 청지기와 머슴들의 침소 및 작업장으로 사용되었다.

고방채

고방채는 외부 공간인 고방 마당과 안채 좌우로 연결된 고방과 청지기방의 내부 공간이 있는데 이곳에는 여자 하인들이 거처한다.

별당채

별당채는 외부 공간인 별당 마당과 마루방 · 온돌방 · 누마루 · 서당 등의 내부 공간으로 구성되며 노부모 또는 과년한 딸, 아들의 글방 등으로 사용되고 때로는 별당 사랑방으로 이용될 때도 있다.

사당채

사당채는 외부 공간인 사당 마당과 함께 내부 공간은 안채의 동편 3칸으로 구성하여 고조부 · 증조부 · 조부모 · 부모의 4대순으로 신주를 설치하고 주위에 담을 쌓고 기일을 맞추어 제사를 지낸다.

각 채별로 구성된 여섯 마당들은 외부 공간과 내부 공간 출입의 연결을 기능적으로 도울 뿐 아니라 폐쇄적인 안채로부터 개방적인 사랑채로의 개구부로 인도하거나 작업장으로서 또는 휴식 공간으로서의 동선적 흐름을 나타내고 있다.

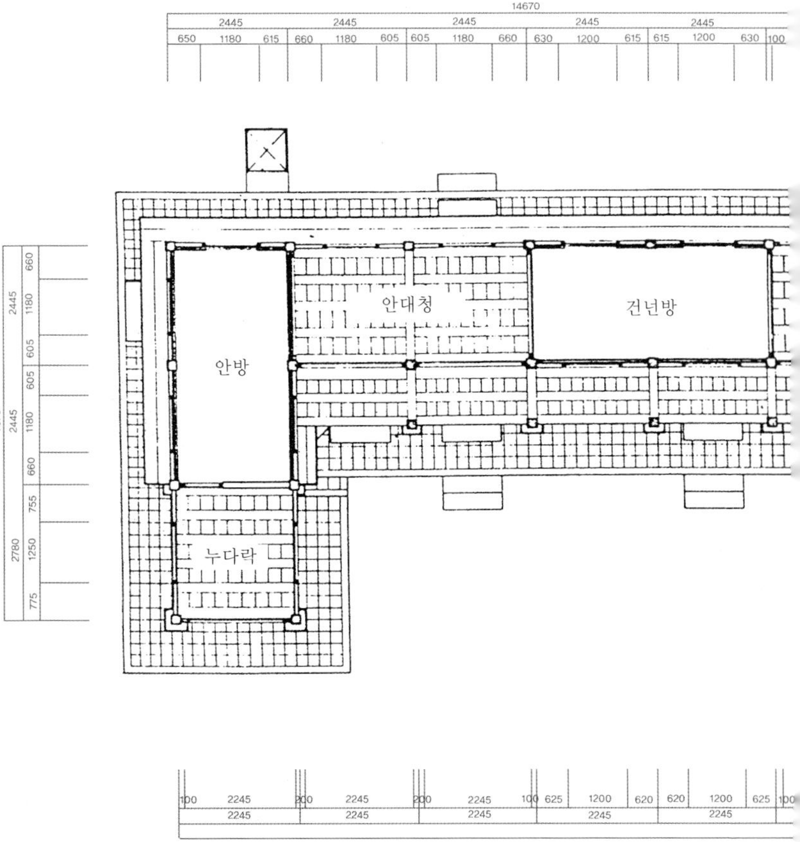

그림 10. 연경당 사랑채 · 안채 평면도
출처 : 주남철, 『한국주택건축』, p. 100.
최상헌, 「조선상류주택 내부공간과 인체 치수와의 상관성에 관한 연구」, 서울대 박사논문, p. 90(위 출처 내용 실명 보완, 상세 재실측)

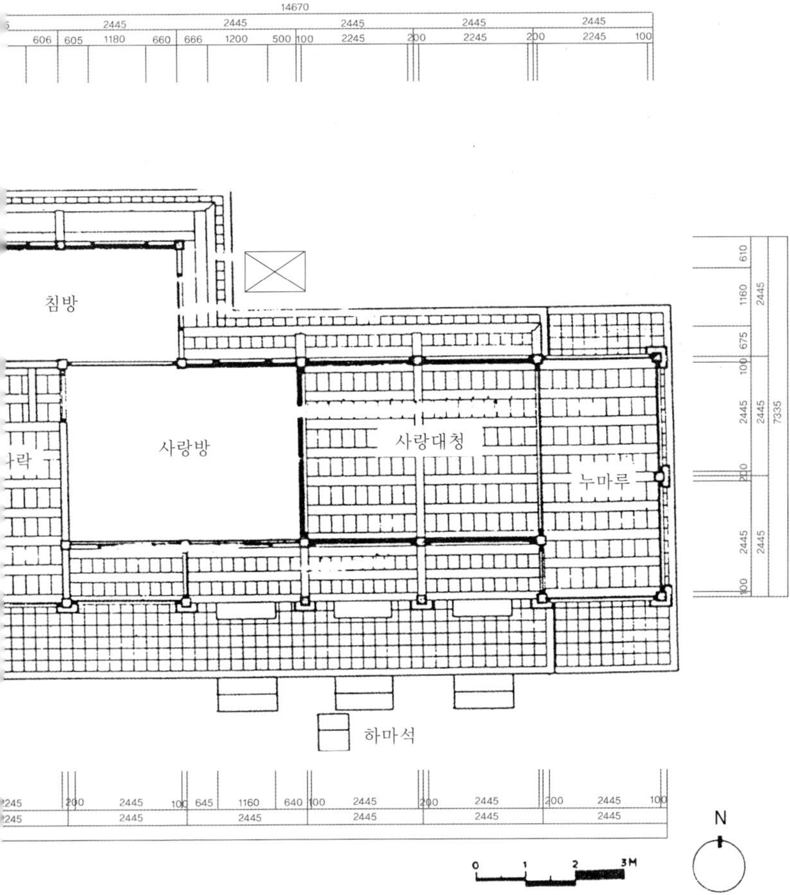
침방
사랑방
사랑대청
누마루
하마석
N
0 1 2 3M

그림 11. 연경당 사랑채

2. 구조 및 구성 요소의 특성

조선 시대 주택의 공간과 형태를 구축한 구조는 그 시대에 가능하였던 건축 기술과 재료와의 복합적 소산으로, 이는 조선이 위치한 자연 지리적 환경과 대대로 전승되어 오는 생활 관습 등을 포함한 인문 사회적 환경 요인들에 영향을 받아 이루어졌다.

조선 시대 주택의 구조적 특성 및 그 구조를 형성하는 각 구성 요소들의 특성은 다음과 같다.

단층 목가구식 구조

조선 시대 주택의 구조 형식은 비록 다락이나 누에서는 2층으로 된 구조가 있으나 사람이 거처하는 방이나 대청은 2층으로 된 것이 없어, 기본적으로 단층 목가구식 구조라고 말할 수 있다. 이는 식생적 요인에다 주택 규모의 제한, 풍수지리설에 의한 고층 건축물의 기피 등으로 500여 년 동안 자연 자재인 목재를 써서 단층으로만 건립하였다. 그러나 유교에 의한 신분 제도의 영향으로 서민 · 중류 · 상류 주택의 분류에 따라 세부적 구조는 계급적 차이를 드러내고 있다(그림 11).

그림 12. 연경당 사랑채의 기단

기단의 형성

조선 상류 주택은 기후적 요인으로 인해 바닥을 지상으로부터 일정한 높이로 이격시켰으며 이러한 단높힘은 상류 주택의 경우, 석재 기단으로 구축되었다. 기단은 신분의 계급적 상징성을 가진 요소로서 서민 주택의 토단에 비하여 상류 주택에서는 화강석 기단을 사용함으로써, 기단의 재료 및 다듬어진 정도, 높이의 차이에 의한 신분의 구분이 있었음을 알 수 있다(그림 12).

구조적 기능의 장식화

조선 시대 목조 주택 건축에 있어서 부재간의 접합은 장부와의 맞춤이다. 이러한 부재의 접합부 주위는 본래 크기보다 상당히 크게 확대되어 구조적인 기능과 함께 장식적인 역할을 동시에 하게 되는데, 그 예로 대청의 대들보의 사개맞춤 부분과 중앙부의 크기에 상당한 차이가 있음을 알 수 있다. 대청의 연등 천장의 노출된 서까래 등도 구조적 기능과 동시에 장식적 역할을 하고 있다(그림 13, 14)(주남철, 『한국주택건축』, pp. 261~262 인용).

온돌과 마루의 2대 바닥 구조

우리 나라의 기후와 관련이 있는 조선 상류 주택 건축의 바닥 구조는 온돌과 마루로 대표된다. 온돌은 겨울에는 따뜻하고 여름에는 시원하며, 마루의 경우 계절에 상관없이 각종 집안 행사를 치르는 장소이다. 이들

그림 13. 연경당 사랑채 누마루 기둥 상부

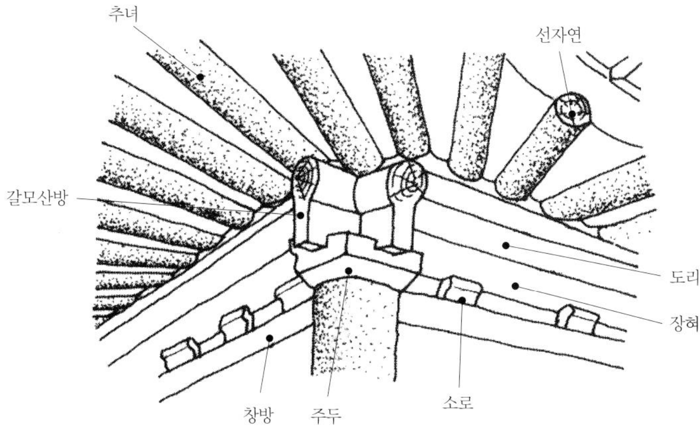

그림 14. 기둥 상부 구조도
출처 : 박영순 외, 『우리 옛집 이야기』, p. 78, 열화당.

구조는 우리 나라에 좌식 생활의 기거 양식을 정착시켰다.

상류 주택의 구조를 이루는 각 구성 요소들의 특성은 아래와 같다(주남철, 『한국주택건축』, pp. 261~262 인용).

기단

조선 상류 주택 건축에 있어서 배치 및 평면 계획이 확정된 후, 지정된 위치에 처음으로 작업해야 할 구조적 형식은 기단의 축조이다. 보통 3~4자(약 80~120㎝)의 높이로 구축되었으며 이 기단 위에 일정한 간격으로 잘 다듬어진 주춧돌[초석]을 칸의 치수에 의하여 배치하고 그 위에 주택의 기본 구조체로서의 기둥을 올렸다(그림 12 참조).

몸통부

기둥 · 벽체 · 창호로 이루어진다. 일반적인 상류 주택의 경우, 초석 위에는 각주[사각기둥]를 올렸다. 궁이나 절에서는 원주[두리기둥]가 사용되었는데 지방의 상류 주택에서도 두리기둥을 많이 사용하였다. 그러나 상류 주택이라 하더라도 두리기둥의 경우 배흘림은 찾아볼 수 없고 아래 위 단면이 같은 민흘림이었다. 기둥을 정면에서 볼 때, 기둥머리쪽과 기둥 사이에 가로 방향에는 도리를 보내고, 세로 방향으로는 보를 걸치게 한다.

도리에는 단면이 방형인 납도리와 원형인 굴도리가 있으며, 서민 주택에는 주로 납도리를, 상류 주택이나 궁궐에는 굴도리를 사용하였다. 굴도리를 받치기 위해 장혀를 둠으로써 도리의 인장력을 높이고 이음 부분을 떠받쳐 주는 역할을 하였다. 장혀 밑에는 창방을 끼우며 이들 사이에는 네모난 소로받침이 틈틈이 들어가서 서로 다른 부재가 만나 생기는 뒤틀림을 방지해 주며 입면에 장식적 효과를 준다(그림 11, 12 참조). 이러한 소로받침은 중류나 서민 주택에서는 찾아볼 수 없고, 같은 상류 주택이라도 격이 높은 주택에 설치되었다.

상류 주택의 벽면은 심벽 구조와 방화장 벽 구조가 있다. 심벽은 실내와 연결된 부분에 주로 사용하였고 방화장 벽은 화재시 불이 번지는 것을 방지하기 위해서 벽돌과 석재로 쌓은 외부 벽의 건축 방식이다(그림 15). 이는 서민 · 중류 주택에서와 동일하다. 그러나 창호의 경우, 상류 주택의 창호는 어느 계층의 주택보다도 다양하여 살 짜임새에 따라 각종 형태의 창호가 이루어졌다. 덧문으로는 띠살창이 일반적이며 골판문도 많이 사용하였다. 미닫이나 장지로 사용되는 창호의 살 짜임새는 용

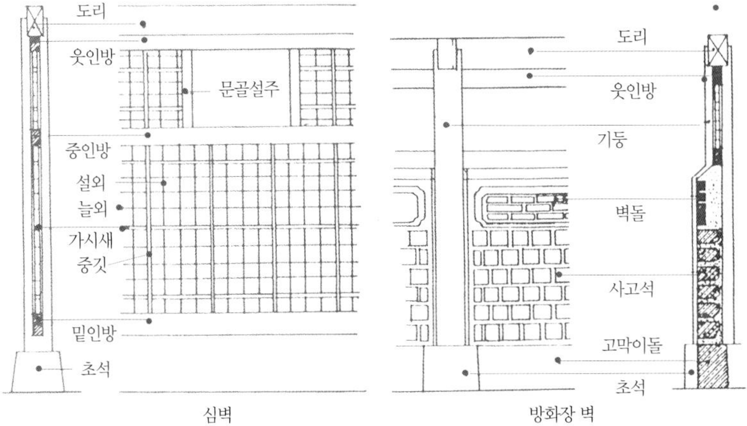

그림 15. 벽체의 구조도
출처 : 주남철, 『한국주택건축』, p. 187, 일지사.

자살과 아자살, 완자살과 숫대살 그리고 귀갑문살 등으로 이들은 많은 변형을 이루어 극히 다양한 살 짜임을 만들었다.

지붕

상류 주택에 있어 안채와 사랑채의 지붕 형식은 팔작 기와지붕이고, 행랑채는 맞배지붕이다. 또한 정자 등 특수한 건물은 평면에 따라 네모지붕, 육모지붕 등으로 만들었다. 지붕틀은 서민이나 중류 주택보다 크기 때문에 행랑채에서는 3량 구조로 동일하나 안채와 사랑채를 위시한 몸채[주동]에서는 5량과 7량으로 하였다. 상류 주택 몸채의 지붕 처마는 겹처마로서 부연을 달았는데, 이는 왕궁을 위시한 특수 건축에만 사용하였고 민가에서는 달 수 없었다(그림 16).

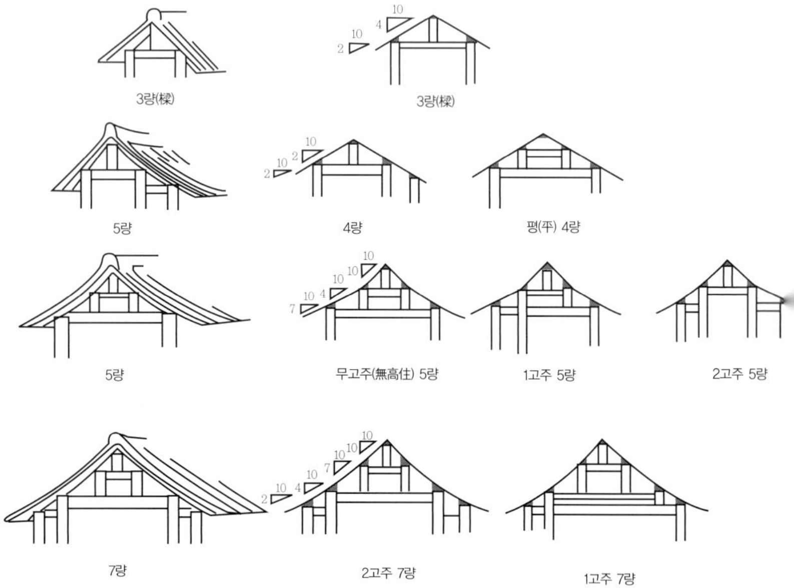

그림 16. 지붕가구도
출처 : 주남철, 『한국주택건축』, p. 190, 일지사.

바닥

바닥의 구조는 세종류로, 온돌 · 마루 · 흙바닥의 세 가지이다. 온돌은 고구려 때부터 시작하여 고려 시대를 거쳐 조선 시대까지 계승된 것으로 사람이 거처하는 곳은 모두 온돌 구조로 되었다. 특히 추운 겨울을 나기 위한 우리 고유의 난방 방식인 온돌방은 폐쇄적 공간이다.

마루에는 우물마루와 장마루가 있다. 우물마루는 귀틀과 청판으로 만들어지는데 귀틀은 장귀틀 · 중귀틀 · 동귀틀로 나뉜다. 우물마루는 대청이나 곳간에 많이 사용하였으며, 장마루는 장선과 멍에를 만든 후 이 위에 좁고 긴 널판을 깔아 만드는 것으로 광이나 다락 바닥에 많이 사용하였다. 흙바닥은 지반을 다져서 단단히 한 것으로 광과 부엌이 주로 흙바닥이었다(그림 17, 18).

창호 및 내벽체

내부 공간에 있어서 벽체는 심벽이 사용되었으며 심벽의 내부 마감은 주로 회반죽 · 종이 및 천으로 마감하였다. 실내 공간의 내벽체는 외벽체와 만나는 부분을 제외하고는 대부분 창호로써 이루어졌다. 일반적으로 사람이나 물품이 드나들 수 있도록 만든 개구부를 문이라 하고 채광과 통풍을 위한 개구부를 창이라고 할 때 전통 주택에서는 창과 문을 엄격히 구분하기 힘들다. 흔히 머름대 위에 설치되거나 크기가 일반문보다 작은 경우 창이라 부른다. 창은 채광 · 통풍을 위하여 홑창호지를 바르는 경우가 대부분이며 창살 문양의 종류는 다양하다.

상류 주택의 경우, 사각형의 창 외에 원창 · 반월창 등을 사용하기도 하였다. 실내 공간에 있어서 상류 주택의 대청은 마당 쪽으로 들어열개문을 만들어 개방감을 더욱 강조하였으며, 안방이나 사랑방과 면한 쪽에는 불발기문을 달아 폐쇄성과 함께 장식성을 보여주었다. 사용된 문의 종류로는 도듬문 · 장지문 · 맹장지문 · 불발기문 · 분합문[들어열개문] · 두껍닫이문 등이 있다(그림 19, 20, 21, 22, 23, 24, 25)(주남철, 『한국주택건축』, pp. 183~195 인용).

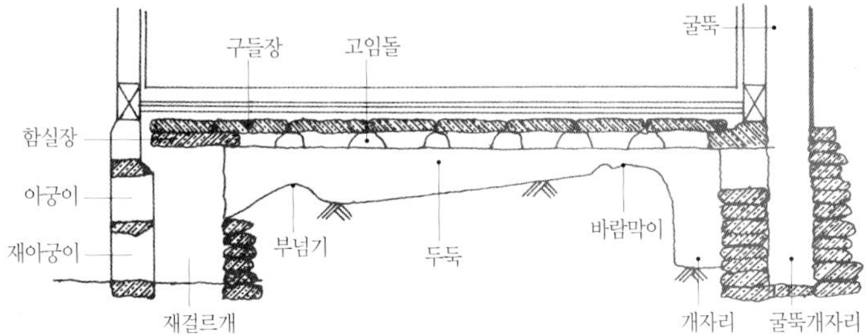

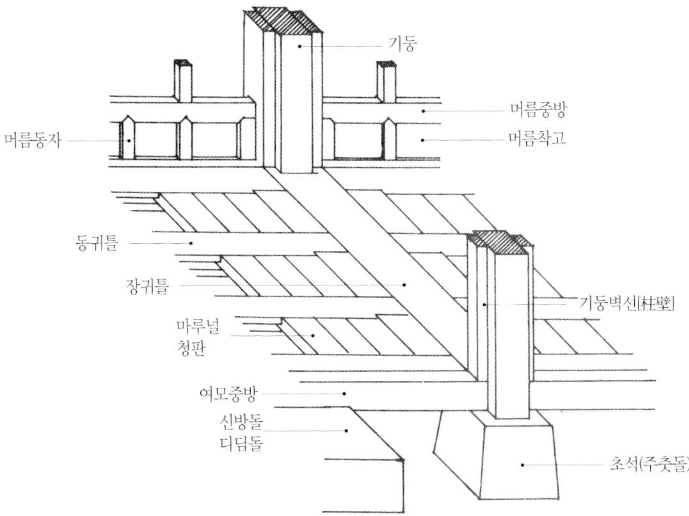

그림 17. 온돌과 마루의 구조도
출처 : 주남철, 『한국주택건축』 p. 188, 일지사.

그림 18. 연경당 대청 우물마루

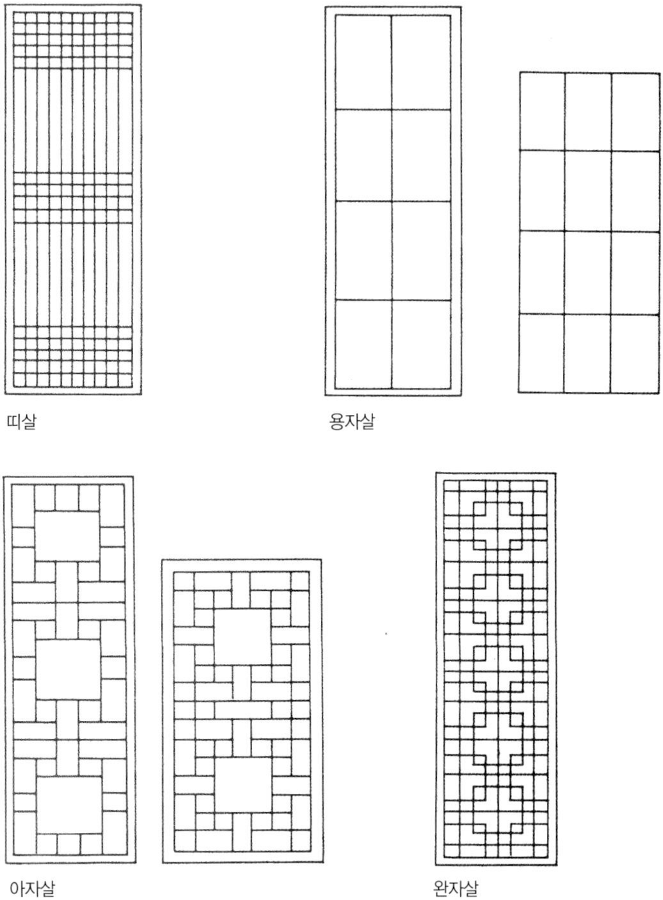

그림 19. 창호의 종류 및 문양 (A)
출처 : 주남철, 『한국건축의장』, p. 89, 일지사.

소슬빗살

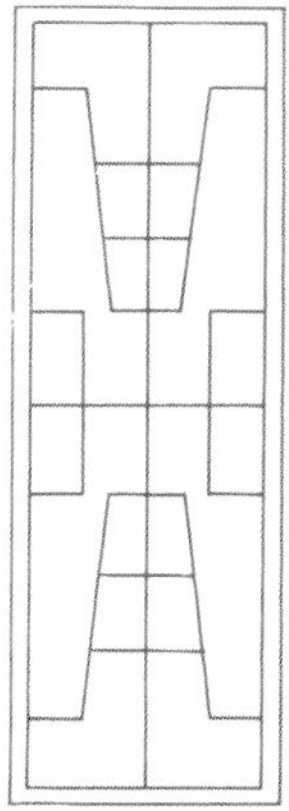

귀자살

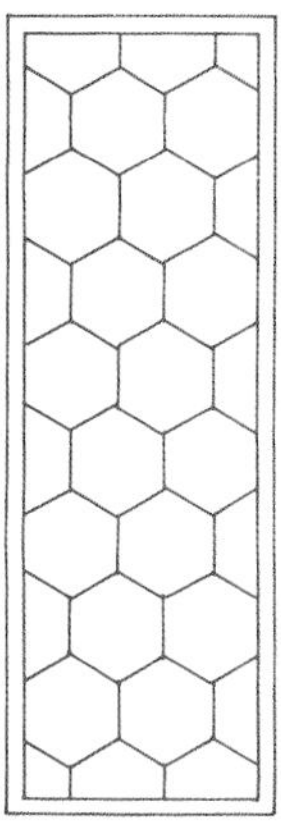

귀갑살 (A)

귀갑살 (B)

그림 20. 창호의 종류 및 문양 (B)
출처 : 주남철, 『한국건축의장』, p. 92, 일지사.

그림 21. 연경당 사랑 대청 띠살 창호

그림 22. 연경당 사랑 대청 불발기 창호

그림 23. 연경당 완자살 창호

그림 24. 연경당 완자살 창호 상세

그림 25. 연경당 완자살 교창

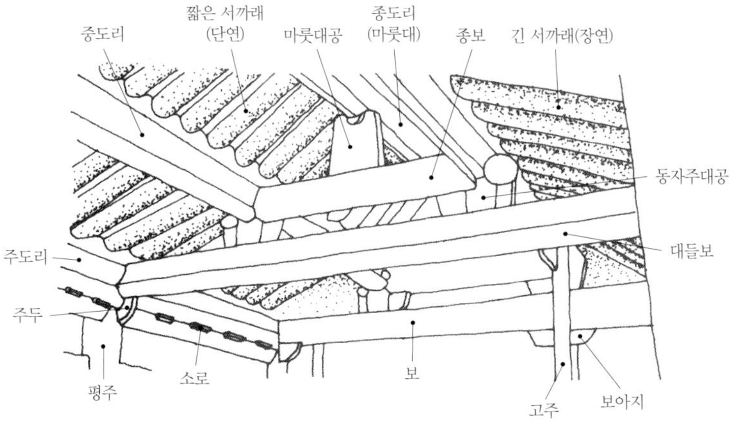

그림 26. 천장 가구 상세(5량)
출처 : 박영순 외, 『우리 옛집 이야기』, p. 78, 열화당.

천장

전통 주택의 일반 방의 천장은 나무로 반자틀을 짜서 종이를 바르거나 천장틀을 만들고 널을 붙여 만들었다. 천장에는 반자 천장 · 연등 천장 · 삿갓 천장이 있는데, 상류 주택의 일반 방에는 반자 천장을, 대청에는 연등 천장을 주로 사용하였다. 삿갓 천장은 가운데가 높고 가장자리가 낮아지는 경사진 천장을 말하며 주로 서민 주택에 쓰였다.

반자 천장에는 주로 온돌방에 쓰이는 종이 반자, 부엌의 천장에 쓰이는 평반자, 그리고 반자 중 제일 고급에 속하는 우물 반자가 있는데, 우물 반자는 바둑판같이 우물 정(井)자형을 연속시켜 반자틀을 만들고 반자 우물에 종이를 바르는 것으로 소란 반자라고도 한다(그림 26, 27).

그림 27. 연등 천장 연경당 사랑 대청

그림 28. 연경당 사랑 대청 (원경)

3. 공간적 특성

상류 주택은 당시 그 지역 토호의 본거지로서, 유교 지도층의 교화 중심처이자 사교에 필요한 처소임과 동시에 그들의 일상 거주처였다. 따라서 많은 부분 그들이 추구하던 생활 철학과 시대 정신에 입각한 사고에 영향을 받고 있었고 그것은 곧 물리적인 내부 구성으로 나타났다. 조선 상류 주택 내부 공간의 특성은 다음과 같다.

자연과의 조화 및 융합적 특성

조선 상류 주택의 외부 공간은 대자연을 축소한 듯한 중국의 정원이나 인공적인 일본 정원과는 달리 자연과 조화되게, 꾸미지 않는 가운데 꾸민 듯, 꾸미면서도 꾸미지 않은 듯 지극히 소박한 것이 그 특징이다. 건축물은 지세에 따라 자연스럽게 사랑채 · 안채를 배치하고 기단을 형성한 후, 들어열개로 된 분합문을 들쇠에 매달아 내부 공간을 외부 공간인 자연 공간과 융합하도록 하였다.

십년을 경영하여 초가 한 칸을 지어내니
반 칸은 청풍이요 반 칸은 명월이라
청산은 들일 데 없으니 둘러두고 보리라

그림 29. 연경당 사랑 대청 (근경)

라고 조선 시대 어느 시인이 읊었듯이 비록 초가 한 칸일망정 반 칸은 바람소리, 반 칸은 달빛으로 가득 채우고, 자연 속에 그대로 묻힘으로써 자연과 일체가 되고자 하였음을 알 수 있다.

또 내부 공간은 창호지가 갖는 투과성으로 인해 바람소리와 더불어 처마 끝 낙수소리, 뒤뜰 감나무의 까치소리, 앞마당 느티나무의 매미소리 등의 자연음들을 내부 공간에 투영시켜 더 한층 자연과의 융합성을 느끼게 하였다(그림 28, 29)(주남철, 『한국주택건축』, p. 264 인용).

외부 공간적 내부 공간의 특성

건축 공간의 구성에 있어서 건물은 1차적으로 내부 공간을 위한 것이지만 또한 건물의 외형과 건물 상호간의 연관성으로 이루어지는 외부 공간을 동시에 충족시켜야 한다. 흔히 상류 주택의 공간 구성을 볼 때, 건물 자체[매스]를 중심으로 외부 공간과 내부 공간으로 구분하되 마당을 중심으로 한 외부 공간을 내부 공간적 외부 공간이라 한다. 이는 조선 시대 주거 생활의 특성 때문인데, 마당을 현대적 개념의 정원과 같은 관상적 용도의 공간이 아니라 실제 내부에서 일어나고 있는 생활의 연장으로서의 공간이라고 인식하고 그 공간적 개념을 내부 공간적 외부 공간이라 칭하는 듯하다.

그러한 개념을 내부적인 입장에서 역으로 바라본다면 상류 주택의 내부 공간 중 특히 대청 공간은 건축의 구조적인 양상으로 보아 외부 공간의 요소를 내부로 끌어들이는 듯한 적극적인 개방 형식을 취함으로써 개념적으로 다분히 외부 공간적 내부 공간의 형식을 취하고 있음을 보게 된다(그림 30, 31).

그림 30. 연경당 안마당 (내부 공간적 외부 공간)

그림 31. 안대청 (외부 공간적 내부 공간)

그림 32. 연경당 안채 툇마루

매개적 공간으로서의 특성

조선 상류 주택 건축의 사랑채나 안채를 포함한 대부분의 건축물에는 방과 연이어서 툇마루가 설치되어 있다. 이 툇마루 공간은 내부 공간인 방과 외부 공간인 마당의 가운데 위치하여 내부에서 외부로 나가려고 할 때나 외부에서 내부로 들어오고자 할 때 반드시 거쳐야 하는 통로의 역할과 함께, 외부와 내부의 중간 영역, 즉 외부와 내부를 연결시켜 주는 매개 공간으로서의 역할을 한다.

툇마루의 바닥은 보통 우물마루로 되어 있고, 천정은 지붕의 처마 부분, 그리고 일반적으로 처마 끝에서 약간 안으로 들어온 너비까지 툇마루의 끝 부분이 된다. 보통 이 공간은 통로 공간으로서의 역할 외에, 추운 겨울날 햇볕이 따스하게 내리쬘 때 걸터앉아 담소를 나누거나 좀더 넓은 툇마루의 경우에는 작은 소반에 음식을 차려 손님을 대접할 수도 있다(그림 32).

안 · 밖의 공간 특성

이 특성은 상류 주택 공간 구조의 폐쇄성과도 연관을 갖는 개념으로 주택의 외부와 담장 내부, 담장과 안마당, 안마당과 건물 매스, 건물 매스와 대청, 대청과 각 방들로써 이루어지는 밖과 안의 개념으로 서로간에 상대적인 질서를 보여준다. 이는 유교의 내외 사상과도 일맥상통하는 것으로서 남자 주인을 바깥사람, 여주인을 안사람으로 호칭하며 거주 공간 자체도 사랑채에는 남자 주인이, 안채에는 여주인이 기거하도록 하였다.

상 · 하[위계성]의 공간 특성

이 특성 역시 근본적으로는 유교적 발상이라 할 수 있는 것으로 주인과 하인, 남자와 여자, 나이 많은 사람과 나이 어린 사람 등을 구별하는 계층적 사고가 상류 주택 내부 공간의 구성에도 반영되어 있다. 따라서 주인이 살고 있는 사랑채나 안채는 행랑채보다 지대가 높은 곳에 위치하도록 하고 건물도 층단을 두어 마당에서 대청을 올려다보도록 배치하였다.

또한 남자가 기거하는 공간인 사랑채와 여자가 기거하는 공간인 안채의 경우에도, 사랑채를 동쪽에 안채를 서쪽에 배치함으로써 전통적으로 동쪽은 남성 · 옳음 · 정의를 의미하고 서쪽은 여성 · 불의 · 어두움을 의미하는 바에 따르고 있음을 알 수 있다.

내부 공간의 구축을 위한 스케일에서도 사랑채에 우위를 두어 사랑채의 칸 사이나 방 높이가 안채에 비하여 장대한 것을 알 수 있다. 이밖에 출입구도 사랑채의 경우는 솟을대문으로, 안채는 일반 대문으로 구분하였다(그림 33, 34, 35, 36).

다용도성[융통성]의 공간 특성

상류 주택의 내부 공간을 이루는 실 하나하나가 기능상으로 구별되는 변형된 공간 형태를 가지지 않고 다용도의 의미를 효율적으로 쓸 수 있는 융통성을 가지고 있다.

예를 들면 안방은 침실뿐만 아니라 주방 · 거실 · 가사 작업실이나 심지어는 화장실의 용도까지 겸할 수 있으며 사랑방은 거실뿐만 아니라 접객실 · 독서실 · 식사실 · 침실 등의 용도를 겸하기도 한다. 그리고 온돌방과 온돌방 사이에 있는 대청마루는 방과 방으로의 통과 공간일 뿐 아니라 모든 관혼상제가 치러지는 의례 공간이나 가사 노동 공간으로 쓰인다. 특히 계절에 따라서 남과 북의 창호를 개방하여 통풍이 잘 되는 여름철에는 휴식과 피서를 같이 할 수 있는 복합 기능을 가진 공간이 된다(그림 37, 38)(주남철, 『한국주택건축』, pp. 262~266 인용).

그림 33. 연경당 사랑 대청 (A)

그림 34. 연경당 안대청

그림 35. 연경당 사랑채 입구

그림 36. 연경당 안채 입구

그림 37. 연경당 사랑방

그림 38. 연경당 사랑 대청 (B)

Ⅲ. 조선 시대 생활 양식에 따른 내부 공간 구성과 가구

1. 조선 상류 주거인의 생활 양식
2. 생활 행위에 의한 내부 공간의 구성
3. 조선 상류 주택 내부 공간의 가구

그림 39. 사랑방과 안방의 생활 양식 모형

1. 조선 상류 주거인의 생활 양식

주택에 있어서의 생활 양식이란 주택을 중심으로 행해지는 일정한 생활 유형을 말하며 주생활면에서 나타나는 전통, 관습화된 생활 행동(혹은 생활 행위)을 말한다. 주생활 양식은 가족의 구성 조건, 사회적인 계층, 기후 풍토 등에 따라 달라지게 되며, 시대의 변천에 따라 항상 변화 · 발전하는 것이다. 그러나 오랫동안 계승되어 온 전통이나 관습은 쉽게 변하지 않는다.[10]

사대부 혹은 양반 신분으로서의 조선 상류 주택 거주자는 앞서 언급한 가부장적 대가족 제도라는 사회적 규범하에서 절대 권력을 행사해 왔으며 그 가족 구성과 생활 양식을 고찰해 보면 다음과 같다(그림 39).

가족의 구성

조선 상류 주택 거주자들은 유교적 원리하에서 가부장 제도에 입각한 대가족을 이상적인 가족 형태로 규범화했으며 실제로는 핵가족을 이루고 있던 당시의 대다수 사람들도 관념적으로는 대가족을 지향했다. 가족의 형태에 관하여 최재석이 제시한 자료에 의하면 조선 초기에는 전

10. 전경배 · 윤응렬, 『주택 계획론』, p. 11, 1986.

체적으로 부부 가족, 1인 가족이 대부분이고 후기로 갈수록 양반 계급에서 직계 가족의 비율이 증가하지만 부부 가족이 더 많았다는 것을 알 수 있다. 즉 조선 시대의 가족형은 대가족보다는 핵가족이 더 보편적이었으며 대가족도 모든 자손들이 함께 어울려 거주하는 복합 대가족보다 차남 이하는 분가하고 장남만이 가계를 계승하는 직계 가족이었음을 알 수 있다.

이광규는 "(양적으로는 직계 가족보다 부부 가족이 많으나) 부부 가족이라 할지라도 부부 가족을 전형으로 하는 사회의 부부 가족과는 달리 직계 가족으로 바뀔 잠재력을 가진 부부 가족이라 말할 수 있다. 따라서 우리 나라가 이상형으로 하는 가족 형태는 직계 가족이라 할 수 있다"[11] 라고 쓰고 있다.

조선 상류 주택 거주자들은 서민층에 비해 관념적인 대가족 지향 의식이 강했을 뿐 아니라 핵가족은 항상 직계 가족으로의 확대 잠재력을 지니고 있었다. 경제력이 있던 부유한 상류 계층에서는 이를 대비한 주택 공간을 염두에 두었으며 따라서 상류 주택은 대부분 3~4대에 걸친 대가족의 거주를 상정한 주택이라고 할 수 있다. 또한 상류 주택에서는 직계 가족 이외에 일가 친척이나 하인들이 다수 거주했으며 이는 아래의 구술 내용에서 짐작해 볼 수 있다.

– 안채에는 아랫방이 여러 칸 달려 있는데 집안에서 일찍 과부가 된 여인들이 종가에 모여 거처하던 곳이다.[12]
– 옛날엔 행랑이 열둘은 있어야 헌다구. 밥허는 사람, 방알 빻는 사람

11. 이광규, 『한국가족의 구조분석』, p. 52, 1986.
12. 조선일보, 「남기고 싶은 한국 – 강릉 선교장」, 1987. 11. 13.

> 둘은 둔다구. 바느질허는 사람 있지, 반찬허는 사람 있지, 살림허는 사람이 따루 있어. 앞에서 시중하는 상지꾼이 시할머니 앞에두 하나, 시어머니 앞에두 하나 다 각각이지. 다듬이만 허는 사람 또 따루 있어. 솜 펴는 할머니 따루, 유모, 애 봐 주는 사람 따루…….[13]

이렇듯 많은 거주인으로 인하여 조선 상류 주택은 무수한 방들로 구성되었으며 그것은 종가이거나 경제력에 따라 규모의 차이가 있었다.

생활 양식

조선 상류 계층의 내부 공간에 있어서의 생활 양식은 주로 온돌방과 마룻바닥이라고 하는 형식 속에 좌식 생활이 기본이었다. 상류 주택 주거인의 생활은 일상적인 생활과 비일상적인 의례 생활로 나누어져 있다. 일상적인 생활은 개인 생활, 생리 · 위생 활동, 공동 생활, 사회 생활, 가사 노동의 생활 등이다.

개인 생활로는 취침이나 독서를 들 수 있고, 생리 · 위생 생활은 배설 · 세면 · 목욕을 의미하며, 공동 생활은 가족과의 식사 활동을 말한다. 가사 노동 생활은 취사를 비롯하여 길쌈 · 재봉 · 청소 · 육아 등을 말하며, 사회 생활은 친지나 손님들을 접객하는 행위이다. 비일상적인 생활로서의 의례 생활은 주로 관혼상제, 즉 성인식 등의 관례 · 혼례 · 상례 및 제사를 말하며, 단오절 · 중추절 등의 세시풍속과 돌 · 회갑연 등의 통과 의례가 있다(그림 40).[14]

13. 이규숙 구술, 김연옥 편집, 『이계동 마님이 먹은 여든살』, p. 71, 1984.

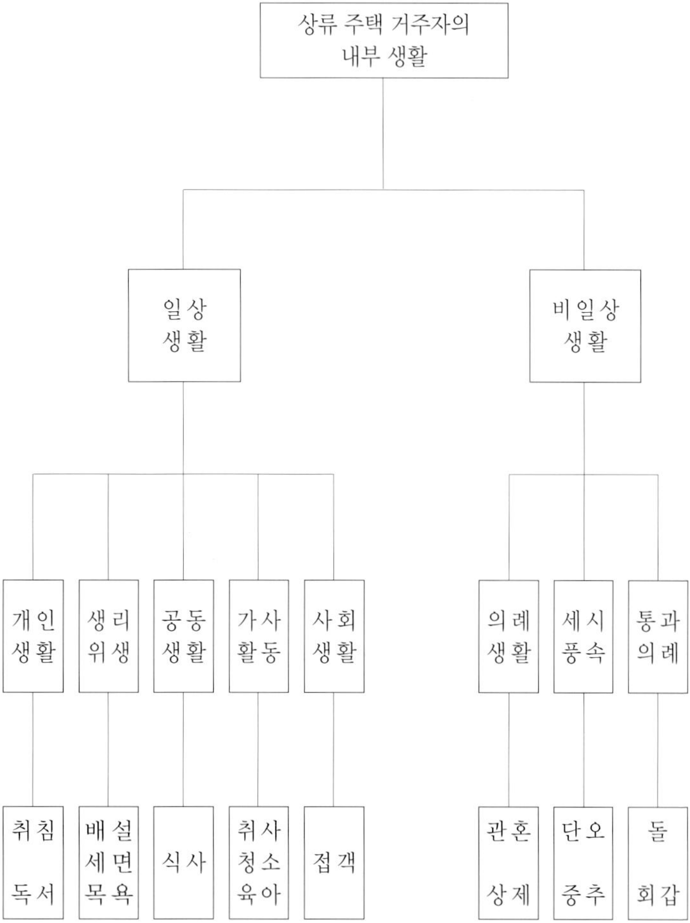

그림 40. 조선 상류 주택 거주자의 내부 주요 생활 행위

이상의 내용 중 상류 주택 생활의 중심이 되는 공간이라고 볼 수 있는 사랑채와 안채에서 일어나는 주생활 행위를 살펴보기로 한다. 원칙적으로 상류 주택에서는 어린 자녀를 제외하고는 한 사람이 한 방을 사용하는 것이 보통이다. 그러나 가족 유형에 따라 구성원의 형식은 달라진다. 예를 들면 직계의 3세대 가족의 경우 조부모 + 아들 · 며느리 + 손자 · 손녀로 구성되며, 2세대 가족의 경우 부부 + 아들 · 딸의 구성 형식이 그것이다.

취침 행위

상류 주택에서 취침 행위는 유교의 내외법에 의해 남녀의 분리 취침이 행하여졌으며 실제로 태종 3년에는 부부 별침이 왕명으로 내려졌다. 전통 주거의 윤리에 있어서 부부 관계는 가계 계승을 위한 수단일 뿐이었다. 상류 주거인의 취침 행위는 주로 안채에서는 안방과 건넌방, 사랑채에선 침방과 사랑방에서 이루어졌다. 3세대 가족의 경우 안채의 안방에선 집안 살림을 관장하는 조모가 혼자 자거나 어린아이가 있을 경우 같이 잤다. 사랑채의 침방에선 남자 주인인 조부가 혼자 자거나 나이 어린 손자와 같이 잤다. 간혹 손님이 자는 경우도 있다.

취침시 머리를 두는 방향은 북쪽은 가급적 피하고 대체로 윗목에 두는 경우가 많았다. 계절에 따라서 여름에는 시원한 바람이 부는 앞문 쪽으로 머리를 두고, 겨울에는 누운 사람들의 발이 따뜻한 아랫목으로 모이도록 하였다. 잠자리에 드는 순서는 윗목에 머리를 둘 때 앞문 쪽부터 나이 든 사람이 눕는 것이 일반적이다.[15]

14. 박선희, 『조선시대 반가의 주생활과 공간사용에 관한 연구』, pp. 76~77, 1991.
15. 고대민족문화연구소, 『한국민속대관』 2, p. 701, 1982.

생리 및 위생 행위

상류 주택 내부에서의 생리 · 위생 행위 가운데 먼저 배설 행위로는 측간 외에 주로 야간에는 각 방마다 요강을 사용하였다. 세면 및 목욕 행위 중 손이나 낯을 씻는 일은 주로 실내에서 하인들이 대야에 물을 담아 들고 들어오면 씻고 내보냈다. 여성들의 목욕은 안채의 각 방 후미진 곳에서 이루어졌으므로 부분욕을 할 수밖에 없었다.

식사 행위

상류 주택에서의 식사 행위는 장유유서 및 내외사상의 영향을 받아 1인 중심의 독상이 원칙이었으며 가족 구성원에 따라 겸상이 이루어졌다. '남녀불공식(男女不共食)'이란 말은 유교에서 유래된 것으로 본래의 의미는 남녀가 같은 밥그릇의 밥을 먹어서는 안 된다는 뜻이었는데 이것이 왜곡되어 남녀가 한상에서 밥을 먹는 것을 금하였다.

식사 행위는 안방에서 이루어졌으며 조부가 독상으로 식사하거나 혹은 손자와 겸상을 하였고 조모와 장남인 아들이 겸상을 하기도 하였다. 그리고 이들의 식사가 끝난 후에 며느리와 딸들이 식사를 하였다. 계절에 따라 여름에는 대청에서도 식사를 하였다. 부자지간에는 결코 겸상이 없었고 노부부간 · 고부간에도 겸상이 없었다.[16] 사랑방에서는 조부와 손님이 겸상을 하였다.

접객 행위

남자 주인을 중심으로 한 접객 행위는 주로 사랑채 · 누마루에서 이루

16. 박선희, 『조선시대 반가의 주생활과 공간사용에 관한 연구』, p. 133, 1991.

어졌고 여름에는 대청에서도 이루어졌다. 곡회는 손님을 청하여 술과 음식을 대접하면서 담소를 즐기던 모임이었고, 고회는 시를 짓는다든지 서화를 그린다든지 하는 선비다운 고고하고 격조 높은 모임이었으며, 시회는 시 짓기만을 중심으로 하는 모임이었다. 그 외 내부 공간에서의 놀이로는 바둑 · 장기 · 쌍륙 · 투전 · 골패 등이 있었고 바둑과 장기는 주로 사랑방과 사랑 대청에서 많이 두었다. 쌍륙은 중류 이상 가정의 부녀자들이 즐긴 놀이였다. 안주인의 경우 접객 행위는 주로 안채에서 친지들의 방문으로 이루어졌다.

제례 행위

제사란 신명을 받들어 복을 빌고자 하는 목적으로 행해지던 의례 생활로서 그 근본 사상은 효이다. 효는 가족 유지의 원동력으로서 가족은 조상과 함께함으로써 존재할 수 있었다. 상류 주택의 경우 동쪽 혹은 동북쪽에 사당을 지어 조상의 위패를 모시는 것이 통례이나 사당이 없는 경우 제사는 대부분 안채의 대청에서 지냈고 경우에 따라서는 사랑채나 안방을 사용하기도 하였다.[17]

그 외 가사 노동 생활 양식은 주로 여자들에 의하여 이루어진 것으로 바느질 · 청소 · 육아 등의 생활이 내부 공간에서 이루어졌다.

17. 김광언, 『한국 주거민속지』, pp. 88~92, 1988.

2. 생활 행위에 의한 내부 공간의 구성

조선 상류 주택 내부 공간에 있어서 생활 행위에 근거한 내부 공간의 구성에 대해서는 주요 공간인 사랑채와 안채를 중심으로 살펴본다(그림 10, 41).

사랑채 공간의 구성

상류 주택의 상징인 솟을대문을 지나 행랑 마당을 가로질러 행랑채와 사랑채 사이의 솟을대문을 다시 통과하면 넓은 마당과 함께 사랑채의 전경이 나타난다(그림 42). 주로 동쪽 편에 위치한 사랑채는 가장 중요한 공간인 사랑방을 위시하여 사랑 대청 · 누마루 · 침방 · 누다락 · 사랑마당 등으로 구성되며 이 중 주요한 내부 공간은 사랑방 · 사랑 대청 · 누마루이다. 여기에서는 사랑방을 중심으로 다루고자 한다.

사랑방

성격 및 기능

조선 전기만 하더라도 사랑은 '사랑(斜廊)'이라고 하는 집 곁에 지은 작은 문간방을 칭하는 것으로 손님을 접대하는 데에 사용하였다. 그러나 조선 후기에 이르러 가부장권의 강화와 내외 사상의 영향으로 사랑채가 별개의 채로서 위용을 갖추면서 한자 표기도 '사랑(舍廊)'으로 바뀌었다. 사랑은 가부장과 장자를 위한 생활 공간이자 가문의 권위를 상징하며 가계 계승을 위한 수련장이었다. 집안에서 제일 높은 기단 위에 건축되고, 대청 앞에는 가문의 권위를 나타내는 편액을 걸어 놓았다. 사랑채는 사랑 마당을 중심으로 사랑방과 침방 · 사랑 대청 · 누마루 그리고 서고로 구성된다. 때로는 대청을 중심으로 ㄱ자로 꺾어서 한쪽에는 큰사랑, 다른 쪽에는 작은사랑을 두기도 한다. 큰사랑방은 가부장을 위하여, 작은사랑방은 장자를 위하여 건립되었다.

사랑방은 주간에는 남자 주인의 일상 거처로서 내객의 접대 및 문객들과의 교류가 이루어지는 공간이다. 따라서 기거와 숙식, 독서, 사색, 차 마시기, 접객, 휴식을 위해 많은 가구와 기물을 필요로 하였다. 또한 사랑방에는 대청과 작은사랑 · 누마루, 때에 따라서는 별당 · 정자와 같이 별개의 방이나 실이 유기적 관계로 부수되어 있기도 하다. 그만큼 일상 생활의 내용이 다양하고 또 넓은 공간을 필요로 하는 쓰임새가 많았던 것이다.

사랑방의 성격을 한마디로 말하긴 어렵지만 대체로 한 시대의 문화와 사회 생활의 척도이자 주인의 교양과 안목 · 지식 · 가풍과 전통 그리고 재력을 보여주는 곳이라고 할 수 있다.

생활 행위에 의한 공간 구성과 가구 배치

사랑방의 생활은 주로 남자 주인에 의하여 주도되었다. 혼자 있을 경우 아랫목의 보료 위에서 퇴침을 베고 휴식을 취하거나, 경상에 놓인 책을 읽거나, 문방 기구를 이용하여 두루마리 종이에 시조, 서신, 혹은 일기와 같은 글쓰는 행위를 하였다. 친구나 지인이 찾아오면, 차를 마시며 대화를 나누거나 경우에 따라서는 주안상을 마주하고 대작을 하였다.

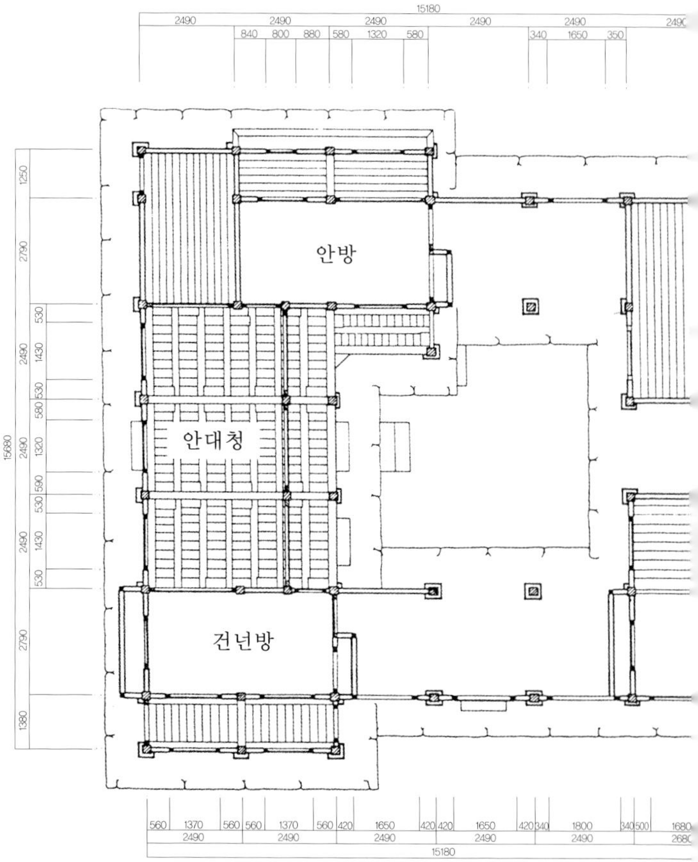

그림 41. 추사고택 안채와 사랑채 실측 평면도

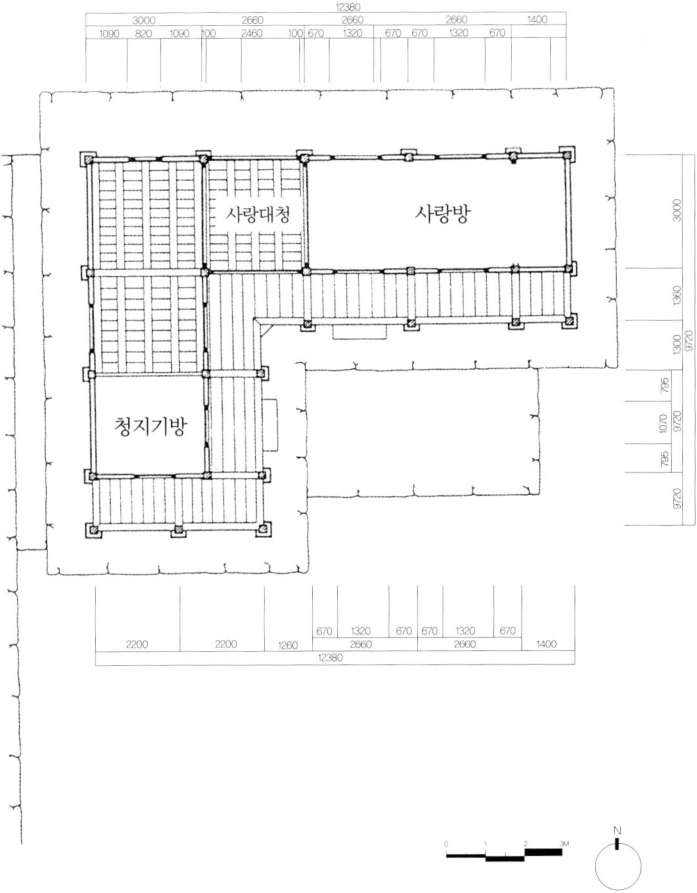
12380
3000
2660
2660
2660
1400
1090
820
1090
100
2460
100
670
1320
670
670
1320
670
사랑대청
사랑방
청지기방
3000
1360
1300
9720
795
1070
9720
795
9720
670
1320
670
670
1320
670
2200
2200
1260
2660
2660
1400
12380
0
1
2
3M
N

그림 42. 추사고택 사랑채 전경

장기나 바둑과 같은 놀이도 하였을 것이다. 이러한 사랑방의 생활과 연관되는 가구나 기물에 대하여 언급한 신재효의 「박타령」을 참고로 하면 사랑방의 모습은 아래와 같다.

> 문갑 · 책상 · 가께수리 · 필연(筆硯) · 퇴침(退枕) · 기함 등물(等物), '사서삼경(四書三經)' · '백가어(百家語)' 를 가득가득 담은 책롱(冊籠), 오음육률(五音六律) 묘한 잡이 가지가지 풍류 기계, 흑각장궁(黑角長弓) · 유엽전(柳葉箭)을 궁대(弓袋) · 전통(箭筒)에 각기 넣고 조총 · 철편 · 등채 · 환도 · 호반(虎班) 기계 좋을씨고. 금합에 매화 피고 옥병에 붕어 떴다. 요지면도(瑤池蟠桃) · 동정(洞庭)함을 대화접시에 담아놓고 감로수 · 천일주를 유리병에 넣었으며 당판책(唐板冊)을 보아다가 안경 벗어 거기 놓고 함중선 두던 판에 바돌 그저 벌였구나. 풍로에 얹은 차 붉은 내가 일어나고 필통 옆에 놓인 부채 흰 것이 조촐하다. 질요강 · 침타구와 담배서랍 · 재떨이며 오동(烏銅)빨주 · 천은수복호박통(天銀壽福琥珀筒) · 각색인통(各色烟筒) · 수락화락 · 가죽에 맵시있게 맞추어서 댓쌈이나 놓았으며……[18]

이상의 내용을 토대로 사랑방의 내부 공간 구성과 가구의 배치를 다음과 같이 정리해 볼 수 있다. 먼저 사랑방의 내부 공간은 아랫목의 다락이 있는 벽면에 사계절 산수화 또는 서화체의 6폭 내지 8폭 병풍이 놓여 중심적인 구성을 한다. 그리고 그 앞에 보료를 놓는데 여기에는 장수

18. 고대민족문화연구소, 『한국민속대관』 2 p. 733, 1982.

문으로 수놓은 접석 한 개와 장침 · 사방침이 각각 하나씩 놓이고 손님들을 위한 방석이 몇 개 준비되어 있다. 윗목에는 대개 오른쪽 위치에 소박한 장식의 문갑이 하나 혹은 쌍으로 놓이고 그 위에 운치 있는 필통, 목 조각, 도자기 등의 애완물을 얹어 놓는다. 이 때 높이가 나지막한 문갑이 배치된 벽면에는 창문이 위치하거나 두루마리 편지를 보관하는 고비를 걸든가, 아니면 맞은편 벽면에 경관도나 수렵도같이 활달한 한 폭의 족자 또는 액자를 걸어 장식한다.

윗목에는 사방탁자를 놓든가 책장 혹은 탁자장이 놓여 평소에 주인이 자주 보는 책이나 기타 애완 용기를 곁들여 조선 문방 생활의 세련되고 엄격한 남성의 기풍이 풍기도록 한다. 아랫목 보료 위에는 정자관을 쓰고 중치막을 입고 긴 담뱃대를 든 남자 주인이 앉아 있고 그 앞에는 책상 · 서견대 · 의침 등이 등잔 · 연적과 더불어 놓인다. 그 주위에는 주인이 항시 사용하는 일용 도구, 연초함, 재떨이, 부싯돌, 담뱃대 걸이, 타구 등을 넓은 재판 위에 놓아 둔다(그림 43, 44).

한편 사랑방에 붙어 있는 침방은 남자 주인의 일상 취침 공간으로서 조선 시대 초기 내외법에 따라 주인은 평상시 이 곳에서 취침했다. 사랑방에 딸려 있는 대청은 사랑방이나 누마루에 출입할 때 전실의 기능과 함께 더운 여름날 거실로서의 역할을 하거나 관혼상제 등 집안의 큰일을 치를 때 중요하게 쓰인다. 사랑 대청과 이어져 있는 누마루는 여름철 주인의 거실로서 살평상을 놓고 취침을 하는 곳이기도 하다.

서고는 책방이라고도 불리며 서책을 보관하거나 독서를 겸하는 곳이다. 사랑 마당에는 몇 그루의 나무를 심고 괴석이나 석함을 배치한다. 사랑 마당은 혼인과 같은 큰일이 있을 때는 천막을 치고 내부 공간을 확장하여 사용함으로써 부족한 내부 공간을 보완하는 기능을 담당하기도 하였다.

그림 43. 추사고택 사랑채 내부 공간 및 가구 배치 (윗목)

그림 44. 추사고택 사랑채 내부 공간 및 가구 배치 (아랫목)

안채 공간의 구성

조선 상류 주택에 있어서 안채는 솟을대문을 지나 행랑 마당에 들어서면 주로 사랑채의 왼쪽인 서쪽에 위치하며 행랑채와 안채 사이의 일반 대문을 통과해서 들어가게 된다. 사랑채 공간이 행랑 마당에서 솟을대문을 통해 개방적으로 노출되어 있는 반면, 안채 공간은 행랑 마당에서 일반 대문을 통해 출입할 수는 있으나 보통 대문이 안으로 잠겨 있으며, 정문인 솟을대문이나 행랑 마당으로부터 직접 노출이 되어 있지 않는 것이 일반적이다.

안채는 가장 중요한 공간인 안방을 위시하여 안대청 · 건넌방 · 부엌 · 곳간 · 안마당 등으로 구성되며 이 중 주요한 내부 공간은 안방 · 안대청 · 건넌방 · 부엌 등이지만 여기에서는 안방과 부엌을 중심으로 다룬다(그림 45).

안방

성격 및 기능

안방은 주택의 가장 안쪽에 위치한 폐쇄적인 공간으로 안방마님의 일상 거처이다. 주간에는 거실로 야간에는 침실로 사용되었으며, 남편과 그 직계 부속 외의 남성 출입을 금하였다. 안방은 출산과 임종, 또한 결혼 때 신부를 맞아들이는 공간이었는데 이는 모두가 물을 상징하였고, 물은 역학적으로 북쪽을 상징하므로 안방의 위치는 대문에서 멀리 떨어져 구석진 북쪽에 두는 것이 일반적이었다.

조선 시대의 여성관은 남성의 예속적인 존재로서 지식을 탐구하거나

그림 45. 추사고택 안채 전경

예술 활동이 허용되지 않았으므로 안방은 가족의 의 · 식 · 주를 전담하는 가정의 중추부 역할을 하였다. 안방에는 여주인이 생활에 필요한 여러 가지 의류 · 침구 · 의복 등을 수납하기 위한 장이나 장식용 가구 및 기물들을 배치하였다.

우리 나라는 사계절의 구별이 뚜렷하고 한서의 차가 심한 탓에 의복이나 가구의 수가 많아 이를 수장하기 위한 많은 종류의 반닫이 · 함 · 궤 등의 가구가 발달하였다. 따라서 안방 윗목에는 윗방이 달려 있고 이 곳에 주로 3층장 · 2층농 · 반닫이 등과 같은 수납 가구를 배치하였다.

생활 행위에 의한 공간 구성과 가구 배치

안방의 생활 행위는 주로 안주인에 의하여 주도되었다. 안주인은 혼자 있을 때 바느질을 하거나 의류나 침구류 등의 빨래를 개어 수납 공간에 정리하기도 한다. 친구나 지인이 찾아왔을 경우, 차를 마시며 대화를 나누거나 간단한 놀이도 행하였으리라 짐작된다.

이러한 안방의 생활과 연관되는 가구 · 기물 및 그 환경에 대하여 신재효의 「박타령」에 소개된 안방의 세간을 살펴보면 다음과 같다.

> 안방 세간 볼작시면 3층 · 2층 · 외층장, 5합 3합 자드리 상자 · 지(紙) · 목 · 자개함장, 뒤주장, 앞닫이, 혼합 경대, 쌍용 그린 빗접고비, 바느질 상자, 반닫이, 선반, 횃대, 장목, 키 큰 병풍, 작은 병풍, 온갖 그림 황홀하고 핫이불, 누비이불, 각색 비단 좋을씨고. 화문(花文) 보료, 우단 요와 녹전처네, 원앙침을 한데 모두 괴어놓고 왜단 보료 덮었으며 왕골세석, 쌍봉화문홍수유로 꾸몄으며 지도서로 꾸민 족자, 산호구에 거는 주렴 · 방장 · 휘장 · 모기

> 장과 순금 반상, 천은 반상, 놋쇠 반상, 좌기 반상, 수저 · 주걱 · 국자며 밥소래 · 놋동이 · 양푼 · 유합 · 탕기 · 쟁반 · 열구자 · 전골판과 노구솥 · 남비 · 대소로(大小爐)며 대야 · 요강 · 놋광명두 · 촉대 함께 놓았으며…… [19]

이상의 내용을 토대로 안방의 내부 공간 구성과 가구 배치를 다음과 같이 정리해 볼 수 있다. 먼저 안방의 내부 공간 구성은 아랫목의 다락이 있는 벽면에 네 폭의 화조도가 그려져 있거나 수가 놓인 병풍이 중심을 이룬다. 이 병풍을 등지고 사방침이 하나 놓인 보료 위에 안주인이 앉아 바느질을 한다. 부인 앞에는 원색으로 장식된 화각자, 바느질 고리, 실패가 있고 인두가 꽂힌 화로가 있다. 그리고 한쪽 벽을 따라 낮고 예쁜 애기장(버선장)이 놓이고, 그 옆에 문갑이 있고 문갑 위에 경대가 놓인다.

방 윗목에는 간결한 사방탁자나 장과 농이 놓이는데 그 윗목에는 윗방 혹은 머릿방이라 칭하는 작은 방이 있어 여기에 3층장 · 의거리 · 가께수리[단충 수납장] 등이 몇 개의 함이나 궤와 함께 놓여진다(그림 46, 47).

부엌

부엌은 안방과 건넌방에 이어져 위치하고 주로 동향으로 문을 두는 경우가 많은데, 이유는 동이 트는 아침부터 해질녘까지 일하기에 좋도록 하기 위한 것이다. 안방 쪽의 부엌이 주된 조리 공간이고, 건넌방 쪽

19. 고대민족문화연구소, 『한국민속대관』 2, p. 718, 1982.

그림 46. 추사고택 안방의 내부 공간과 가구 (윗목)

그림 47. 추사고택 안방의 내부 공간과 가구 (아랫목)

은 물을 끓인다거나 하는 보조 공간으로 사용되었다. 상류 주택 중 규모가 큰 집에서는 반빗간을 따로 만들어 이곳에서 반빗아치들이 음식을 장만하고 빨래 · 다듬이질 등의 집안일을 하였다(그림 48, 49).

안대청은 안방과 건넌방 사이에 위치하여 안방과 건넌방에 출입할 때의 전실로서의 기능과 함께 여름철 안주인의 거처실이 된다. 이곳은 평소 다듬이질 · 바느질 등의 가사 작업을 하는 공간이기도 하며 간혹 큰일을 치르는 중심 공간이 되기도 하였다. 또한 안대청 중앙 창 쪽으로는 쌀뒤주를 두어 안주인의 관할이 용이하도록 하였다(그림 50, 51).

건넌방은 경상도 지방에서는 상방이라 하고, 전라도 지방에서는 모방이라고도 하는데, 며느리의 방으로 사용하다가 안방물림을 한 후 노모가 거처하거나, 때로 출가한 딸이 해산할 때 사용하기도 하였다.

안마당은 중문간 행랑채와 안채, 그리고 담장으로 구성되며 잘 다진 흙바닥으로 되어 있고 좁기 때문에 대체로 나무를 심지 않았다. 안마당은 부엌과 면하여 있고 중문간 행랑채의 불아궁이를 위한 작은 부엌들 때문에 가사 노동을 위한 활동 공간이 된다. 혼인과 같은 큰일이 있을 때 안마당은 초례청을 설치한 안대청을 중심으로 큰 역할을 하게 된다(그림 52). 뒷마당에는 장독대와 채마밭이 있으며, 안사람들이 사용하는 측간이 있다.

그림 48. 추사고택 부엌 (안방용)

그림 49. 추사고택 부엌 (건넌방용)

그림 50. 추사고택 안대청

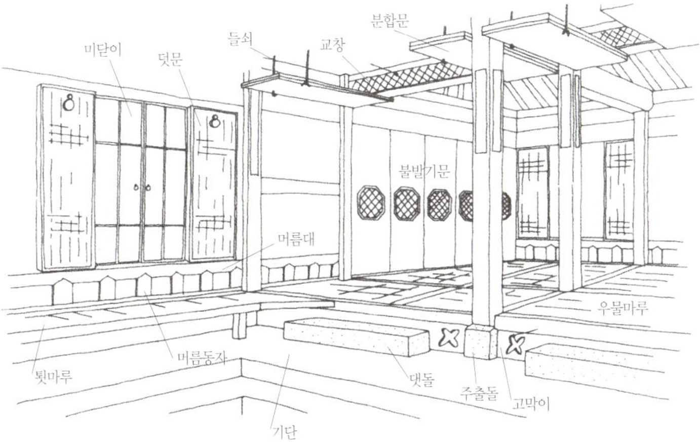

그림 51. 안대청 각 부위 명칭
출처 : 박영순 외, 『우리 옛집 이야기』 p. 81, 열화당, 1998.

그림 52. 추사고택 안마당

그림 53. 조선 상류 주택 사랑방용 가구
출처 : 최상헌, 「조선상류주택 내부공간과 인체치수와의 상관성에 관한 연구」, 서울대 박사논문, p. 70.

3. 조선 상류 주택 내부 공간의 가구

가구란 인간이 생활을 영위하는 데에 필요불가결한 도구이다. 주택의 내부 공간 용도에 따라 그 종류를 선택하여 구비하게 되는데 조선 시대 상류 주택에서 사용된 가구의 종류는 기능 외에도 장식적 요소가 많으며 같은 종류의 가구에서도 외관과 재료에 따라 문양과 형태가 천태만상이다.

사랑방용 가구

당대 유교 사상으로 인한 남녀유별 배치의 영향이 가구에도 나타나 사랑방용 가구는 주로 문방구 관련 유형이 많으며, 문필 문학을 중시하던 유생들이 즐겨 사용하는 다종다양한 가구와 기물들이 매우 발달하였다. 한점 속기 없는 방을 최고의 문방으로 삼았기 때문에 사랑방에 놓이는 가구들은 외관에 있어 무채색이며 검소담백하고 인위적인 장식을 피하였다. 특히 수평과 수직이 강조된 장방형의 형태와 간명한 면분할, 그리고 자연목의 목리를 그대로 나타내는 것이 특징이며, 오동나무 · 소나무 · 괴목 등이 주재료를 이루었다.

종류로는 수납 가구로 의거리장 · 책장 · 경축장, 문방 가구로는 문갑 · 사방탁자 · 탁자장 · 서안 · 경상 · 연상, 문방 소품으로 고비 · 필통 · 서견대 · 함류 등이 있다. 한편 사랑의 누마루 등에서 사용한 기거 가구 및 용구로는 평상 · 죽부인 · 궤상 · 퇴침이 있고 취미 용구로 바둑판 · 담배함 등이 있다(그림 53).

수납 가구

의거리장

사랑방의 유일한 의류 수납 가구로서 주로 침방에 놓인다. 형태는 안방의 의거리장과 다를 것이 없으나 길고 넓은 두 짝의 문판에는 자연목의 문양을 최대한 살린 평의거리를 썼으며, 간혹 이러한 평판에 매 · 난 · 국 · 죽 같은 사군자나 시구를 조각했다(그림 54).

책장(서장)

서책을 수장하는 가구로서 형태가 다양하다. 서책의 규격이 큰 관계로 자연히 문짝의 크기도 큰 장이 되었으며 2층부터 5층까지 있다. 정방형 · 장방형이 있는데 사랑방에서는 윗목에 흔히 놓고 쓴다. 책에 좀이 쓸지 않게 하기 위하여 오동나무 재목을 주재료로 쓰는 경우가 많다(그림 55).

경축장

단층장 혹은 머릿장이라고도 부른다. 개판 양 끝에 두루마리형의 장식이 있어 사랑방용 단층장으로서의 독특함을 나타낸다. 중요한 문서 등을 보관하며 목리문이 아름다운 재목을 표면에 부착하여 사랑방 가구로서 비교적 장식 효과를 주는 것 중의 하나이다(그림 56).

그림 54. 평의거리장 19c, 남궁익 소장

그림 55. 3층 서장 19c, 국립중앙박물관 소장

그림 56. 경축장 19c, 개인 소장

그림 57. 문갑 19c, 개인 소장

문방 가구

문갑

서적이나 문서 등을 수납하며, 좌식 생활에 알맞은 높이와 폭이어서 안정감을 강조하는 사랑방이나 안방에 필수적인 가구로 애용되고 있다. 특히 긴 개판 위에 필통 · 지통 · 연적 · 수석 등을 진열할 수 있어 사용이 편리한 것은 물론 장식 효과도 크다. 높이가 약간 높으면서 하나로 쓰이는 외문갑과 한 쌍을 놓고 쓰는 쌍문갑이 있으며 서랍이 외부로 나타나지 않고 문짝을 연달아 열게 되어 있는 벙어리 문갑도 있다(그림 57).

서안 (책상)

글을 읽거나 쓸 때 사용하는 책상을 말한다. 천판과 각부만 남기고 몸체를 선반으로 지지하면서 앞뒤가 뚫린 형이 기본형이다. 여기에 서랍이 하나 내지 두 개가 달린 형식도 있다(그림 58).

사방탁자

사방탁자는 판과 기둥의 간결한 형태 구성을 가진 탁자로서 하단에 수납장 한 단을 가진 것도 있고 선반형으로 만든 형태도 있어 좁은 공간에 설치해도 시원하고 우아한 느낌을 준다. 문갑과 같이 서적이나 문서 및 문방구류를 올려놓기도 하고 장식적인 기물을 얹기도 한다(그림 59).

탁자장

탁자장은 사방탁자형에 3면을 막고, 수납 부분과 선반 부분을 만들어 장식용과 수납용을 겸한 필수적인 가구이다. 대체로 높이가 낮으며 비교적 장식을 많이 한다.

경상

경상은 단순하고 직선적인 서안과 그 용도가 같다. 그 유래를 살펴보면 사찰에서 불경을 읽는 데 사용한 것에서 그 명칭을 따왔으며, 중국의 송·당 시대 양식에서 형태를 빌어 왔다고 한다. 천판의 두루마리형과 운당초

그림 58. 서안(책상) 19c, 임금희 소장

그림 59. 4층 사방탁자 19c, 국립중앙박물관 소장

그림 60. 경상 19c, 홍대사대부여고 신사임당실 소장

형의 각부 장식은 불교 미술에서 영향을 받았다(그림 60).

연상

벼루는 선비들이 문방 애완구 중 가장 소중히 여기는 것으로서 이를 보관하기 위해 만든 것이 연상이다. 그 형태와 종류가 많고 재료는 오동나무 · 소나무 · 먹감나무 등을 사용하였다. 가부장의 좌석 우측에 놓고 사우[벼루 · 먹 · 종이 · 붓] 등을 수납하는 책상이다(그림 61).

문방 소품

고비

서간(편지)이나 서화 등의 두루마리를 꽂아 놓기 위해 만든 것으로서, 사랑방 벽의 유일한 장식이 되는 문방구이다. 소나무나 오동나무를 사용하거나 대나무 재료를 사용하여 오묘한 분할로 미적 구성을 기교있게

그림 61. 연상 19c, 한기택 소장

한 고비도 있다(그림 62).

필통 및 필가

필통이란 붓을 보관하는 용구로서 목제 · 죽제가 주가 되며 도자기 제품도 있다. 필가는 문갑 윗벽에 설치하여 붓을 걸어두거나 문갑 위에 놓고 쓰는 용구이다. 재료로는 목제 · 죽제가 많은데 백동 제품도 있다.

서견대

서책이 컸기 때문에 독서하기에 편하도록 여러 가지 형이 있다. 상판을 경사지게 만든 형태도 있고 독서를 하지 않을 때에는 부채를 접듯이 접어 두는 것과 족대를 두고 세운 것 등 종류가 다양하다.

함 · 통류

종류로는 문서함 · 인함 · 관모함 · 망건통 등이 있으며, 문서함은 문

그림 62. 고비 19c, 국립중앙박물관 소장

서를 보관하는 기능을 살리면서 외부에 장식 효과를 낸 문방구이다. 인함은 도장을 넣어두는 소함으로 뚜껑 부분의 네 면이 돌출된 것이 특징이다. 관모함은 선비의 정자관 등의 관모를 넣어두는 함이다. 망건통은 망건을 말아서 보관하는 통이다.

기거 가구 및 용구

평상

일명 와상이라고도 한다. 마루방이나 누마루 등에 놓아 두고 앉거나 누울 수 있는 목제 걸상과 같은 침상이다. 여름에는 평상 위에 돗자리를 깔고 퇴침이나 죽침을 베고 죽부인[대로 만든 베개의 일종]을 안고 낮잠을 즐기던 풍류가 넘치는 가구이다(그림 63).

죽부인

죽궤라고도 부르며 죽침과 더불어 평상 위에서 사용하며 여름철 더위를 식혀 주던 용구이다. 일년생 대나무를 12날로 잡아 연통처럼 안을 비워 통풍이 잘 되게 하였으며, 대를 물려 사용하지 않는다는 풍습이 있어 유물이 거의 없다.

궤상

몸을 편안하게 받쳐 주는 용기로 의침이라고도 한다. 양쪽 끝이 조금 넓고 가운데는 오목하여 모가 없는 형태로 서랍이 부착된 문갑 겸용의 형태도 있다(그림 64).

퇴침

휴식을 할 때 사용하는 소형 베개로 장방형이 일반적이며 나무로 만든 목침, 등나무로 만든 등침, 자기로 만든 도침, 골풀로 만든 완침, 나

그림 63. 평상 19c, 국립민속박물관 소장

그림 64. 궤상 19c, 국립민속박물관 소장

전칠기의 나전침, 대나무로 만든 죽침 등이 있다.

취미 용구

바둑판

바둑판은 비자나무를 판목으로 삼고, 형태는 방형이 기준이며 좌식 생활에 알맞은 높이를 가지고 있으며 장식은 크게 하지 않는다.

담배함

함 위에 뚜껑을 만들거나, 함 측면에 빼닫이를 두어 담배를 넣을 수 있게 만든 소함이다. 괴목 · 오동나무로 만든 것 외에 은으로 상감 장식을 한 아름다운 모양도 있다.

안방용 가구

안방용 가구는 개방적인 사랑방용 가구보다 폐쇄적인 공간에서 사용된 탓인지 형태의 변화가 크게 없으며 주로 수납용 가구, 여성용 집기류, 장식용 기물 등이 있다. 안방 가구 치장은 사랑방용에 비해 나전주칠 · 화각 · 수장 · 치장 등과 같이 화려한 색채와 금구 장식 등을 많이 하였으며, 부귀다남 · 만수무강 등의 장수와 행복을 염원하는 길상문자 문양이 많이 나타나고 있다.

종류로는 수납 가구로서 장 · 농 · 의거리장 · 반닫이 · 버선장 등이 있고, 장식 가구로는 문갑과 사방탁자, 기타 생활 기물류로 경대 · 빗접 · 함 · 궤 · 등촉구 등이 있다(그림 65).

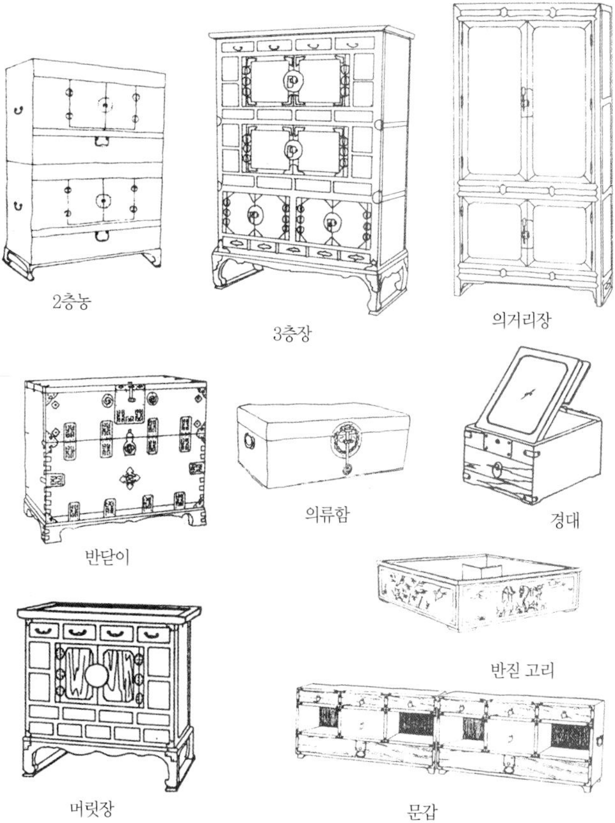

그림 65. 조선 상류 주택 안방용 가구
출처: 최상헌, 「조선상류주택 내부공간과 인체치수와의 상관성에 관한 연구」, 서울대박사논문 p. 74.

수납 가구

장

안방용 가구 중 의류를 수납하는 용도로 가장 기본이 되는 장인데 2층 또는 3층을 하나의 몸체로 이어서 만든 것으로 단층장부터 5층장까지 있다. 층마다 여닫이 문짝이 달려 있고 주 재료에 따라 용목장 혹은 자개장 등으로 부르기도 한다(그림 66).

농

농은 장보다 키가 낮고, 몸체 상부에 장과 같은 개판이 없으며 상자형으로 분리되어 운반하기 쉽도록 양 옆에 손잡이가 달려 있다. 중앙에는 여닫이 문짝이 있고 먹감나무 · 용목 · 오동 등의 재료를 쓰며 용도에 따라 의농 · 버선농이라 부른다(그림 67).

의거리장

장 내부에 횃대가 있어 남성용 관모나 출입옷을 걸게끔 하였고, 주로 안방에 딸린 윗방에 삼층장과 나란히 놓인다. 사랑채 침방에 두는 경우도 있는데, 이 때는 상단 문판에 시구나 4군자 등의 서체를 음각하거나 간소한 의장을 나타낸 평의거리장을 썼다. 살의거리장이라 하여 안방용으로는 살창에 꽃그림을 그리든가 조각하여 색채의 화려함을 보여주는 것이 있다(그림 68).

반닫이

높이가 보통 70~80cm 내외로 전면에 장식 금구와 장경첩을 달아 전면 상반부를 상하로 개폐하도록 되어 있는 가구이다. 의류 또는 귀중 문서를 보관하는 수납장으로 쓰이는데 괴목과 같이 튼튼한 나무판에 나타난 무늬목이 아름다우며 지방에 따라 약간의 장식 금구의 변형이 있어

그림 66. 3층장 19c, 이화여대박물관 소장

그림 67. 2층농 19c, 개인 소장

그림 68. 의거리장 19c, 개인 소장

경기 반닫이, 전주 반닫이 등의 명칭을 붙인다. 평양 반닫이는 박천 반닫이라고도 하는데 크기가 크며 장식이 많다(그림 69).

버선장

애기장이라고도 하며 안주인의 앉은 자리 가장 가까운 곳에 놓인다. 혼수 품목 중의 하나인 버선을 수납하는 장으로 삼층장의 축소된 형태라고 보면 틀림없다. 상류 주택에서 가장 수공을 많이 한 장 중의 하나로 화각이나 주칠나전으로 장식한 것이 버선장이다.

장식 가구

문갑

안방 가구 중 장식 가구로서는 문갑과 사방탁자를 꼽을 수 있는데, 안방의 가구가 사랑방의 가구와 다른 점은 다음과 같다. 즉, 문갑에 있어서는 외부적 형태와 크기는 안방과 사랑방이 거의 비슷하나 안방용 문갑의 경우, 재료는 대부분 같지만 자개나 화류 혹은 칠의 색으로 화려한 문양과 형태를 달리 나타냈다(그림 70).

장탁자

안방에서는 사방탁자보다는 장탁자를 주로 사용하였는데, 장탁자는 사방탁자와 같은 구조이지만 사방탁자에 비해 키가 작고 장방형이 강조된 가구이다. 전면 폭이 넓고 깊이가 낮은 형태가 대부분이다.

그림 69. 반닫이 19c, 개인 소장

그림 70. 문갑 19c, 남궁익 소장

생활 기물류

경대

여성용 일용 기물 중 가장 애용되었던 것이 경대이다. 문갑 위에 놓고 썼으며 남자들이 상투를 틀 때 이용한 소형 경대도 있다. 상부 뚜껑 밑에 거울이 붙어 있고 하단에 서랍이 하나 있거나 여닫이문이 달려 있다. 형태에 따라 사모쐐기 경대, 가께수리 경대라고 부른다(그림 71).

빗접

경대와 거의 같은 크기와 형태를 가졌으나 거울이 없고 서랍만 있어 부녀들이 얼개빗 · 참빗 등을 넣고 사용하던 필수품 중의 하나이다(그림 72).

함 · 궤

물건을 넣도록 된 상자류로 경첩의 유무에 따라 함과 궤가 구별된다. 함은 상부 전면이 뚜껑으로 되어 있어 경첩이 없으나, 궤는 전면이나 상부에 경첩을 달아 쓰게 되어 있다. 안방에는 혼함 외에 의복함 · 족두리함 · 보석함 · 낭자궤 · 실궤 · 돈궤 등이 있다. 대체로 안방용으로는 나전칠함 제품이 많으며, 보통 장이나 농 위에 얹어 놓는다.

등촉구

등기구의 종류에는 촉대 · 등경 · 좌등 · 촉농 · 등잔 등이 있으며, 이들은 식물성 기름, 생선 기름, 쇠기름, 초를 이용하여 불을 붙였다.

그림 71. 경대 19c, 고려대학교박물관 소장

그림 72. 빗접 20c, 개인 소장

Ⅳ. 조선 상류 주택 내부 공간과 가구의 조형 의장성

이 장에서는 조선 상류 주택의 사랑채와 안채에 있어서 내부 공간 및 가구의 조형의장적 특성에 관하여 살펴보고자 한다. 조형의장적 사항이란 여러 면에서 이야기할 수 있겠으나 여기에서는 내부 공간과 가구를 대상으로 그 외관상 미적인 느낌을 주는 사항들을 중심으로 고찰해 본다.

그림 73. 추사고택 사랑방에서 바라보는 앞마당

1. 내부 공간의 조형 의장성

자연 환경을 조형 요소로서 도입

조선 상류 주택의 공간은 주변의 자연을 의식하여 공간을 구성하였다. 즉 대청에서 멀리는 앞산(원경 조망), 가까이는 후정의 화단을 바라보기 위한 조망(근경 조망) 창 등을 설치하였다. 앞마당 혹은 후정에는 계절에 따른 변화를 볼 수 있도록 나무들을 심어 자연을 실내에 도입하였다(그림 73). 또 목재를 대청마루 바닥 · 기둥과 천정의 서까래 · 대들보에 사용함으로써 자연적인 조형 요소를 실내에 적극 도입하였다. 부엌의 흙바닥이나 침실방의 벽체와 천장에 사용하던 한지도 자연 소재에 속한다.

이러한 구체적 자연 요소뿐 아니라, 띠살창의 창호지를 통해 실내로 빛이 투영될 때는 실내에 음영의 조형적 효과를 극대화시켰다. 창호지를 통하여 투사되는 빛은 부드러움과 깊이로 내부 공간을 생동감 있게 만든다. 또한 내부 공간의 인공적 조명도 공간의 성격을 형성하는 데 중요한 역할을 한다(그림 21, 22, 28, 29 참조).

인간적 스케일의 공간 조형 의장

조선 상류 주택의 공간은 '칸'에 의해 조성되는데, 안채의 안방과 건넌방은 주로 2칸으로 이루어졌고, 가구를 놓는 윗방이 있을 경우, 2칸 반, 혹은 3칸이 되기도 하였다. 대청의 경우도 2칸으로 이루어졌다. 사랑채의 경우, 사랑방과 사랑 대청은 2칸 반, 침방은 2칸, 누마루는 2칸 등으로 조성되었다. 이러한 방의 가로, 세로 및 높이는 실내에 들어가는 가구와 함께 그 공간을 사용하는 사용자의 행위에 의하여 규모의 적합성이 측정되었다.

연구에 따르면 사랑방 · 사랑 대청과 같은 남자를 위한 공간은 안방 · 안대청과 같은 여자들을 위한 공간에 비하여 그 신체적 크기에 비례하여 공간의 크기가 배정되어 조선 상류 주택의 방의 규모는 공간과 가구 배치 사이에서 사용자의 행태 및 행위를 고려한 인간적 스케일의 공간 크기임이 입증되었다(그림 74, 75).

구조적 요소의 조형 의장적 표현

구조적 부재가 실내 공간에 조형적으로 작용하는 예는 대청마루에서 찾아볼 수 있는데, 대청마루 바닥의 독특한 재료 · 색채 · 패턴에서 그 기능에 맞는 재료를 선택하였음을 알 수 있다. 특히 바닥의 목재를 짙은 밤색 계통의 색채로 구성한 것은 흰색 석회벽과 대조되는 조형 효과를 보여준다. 대청마루의 벽체의 구조체와 흰색 석회벽이 조성하는 아름다운 면분할은 조형 의장적 효과를 보이고 있다. 또한 대청마루 천장[연등천장]의 대들보와 서까래가 만들어 내는 선적인 조형성은 대청을 매우 역동적인 공간으로 느끼게 한다. 이는 대청 공간을 외부 공간적 내부 공간으로 인식할 수 있게 하는 중요한 사항이다(그림 38, 50 참조).

내부 공간의 면적 조형 의장과 외부 공간의 선적 조형 의장

조선 상류 주택에서 안방 · 건넌방 · 사랑방과 같은 침실방은 바닥에는 장판지, 벽과 천장에는 창호지를 바름으로써 면적 조형 의장을 표현하였다. 안대청 · 사랑 대청 · 누마루방 등은 석회벽과 구조적 요소인 목재 기둥과 인방들 간에 이루어지는 선적 조형 의장을 표현하게 된다. 이는 건축물 외관이 지붕의 기와선 및 처마선으로부터 건물의 몸통부인 기둥 · 벽체 · 창호 등과 기단부 등이 선적인 외관 조형 의장을 가지고 있는 것과 연관이 된다. 즉 내부 공간의 기능에 충실한 안방 · 건넌방 · 사랑방 · 침방 등은 면적 조형 의장을, 내부 공간이나 외부 공간적 기능을 가진 안대청 · 사랑 대청 · 누마루 등은 선적 조형 의장의 특성을 보이고 있다(그림 76, 77 참조).

남성적 공간 조형 의장과 여성적 공간 조형 의장의 구분

조선 상류 주택은 남녀의 유별로 인한 공간 구분으로 각각 독특한 공간 조형 의장의 특성을 가지고 있다. 즉, 사랑채와 같은 남성을 위한 공간 구성은 사랑방 · 사랑 대청 · 누마루 · 사랑 마당에 이르기까지 그 연결 과정이 개방적이다. 또한 사랑방의 실내 공간과 가구의 색채는 무채색 계열이며, 황색 장판지와 흰색 벽지의 실내 배경 속에 단순 소박한 문양이 새겨진 짙은 밤색 계통의 목가구 및 기물들로서 전체적으로 검소하고 청빈한 선비 정신을 느끼게 한다.

안채와 같은 여성을 위한 공간 구성은 외부로부터 폐쇄적이며 내부에서도 사랑채에 비해 덜 개방적이다. 안방의 실내 공간 및 가구의 색채는

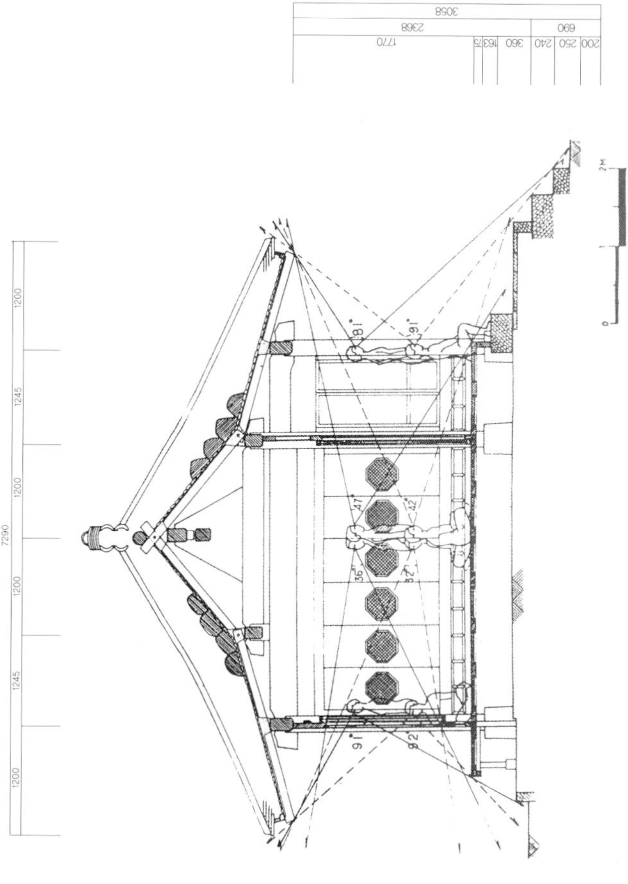

그림 74. 연경당 사랑 대청 단면도

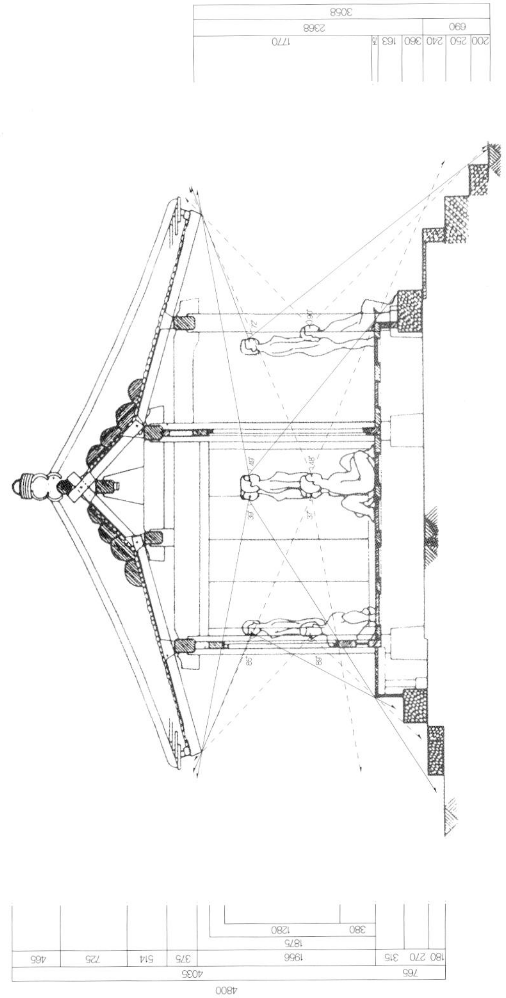

그림 75. 연경당 안대청 단면도

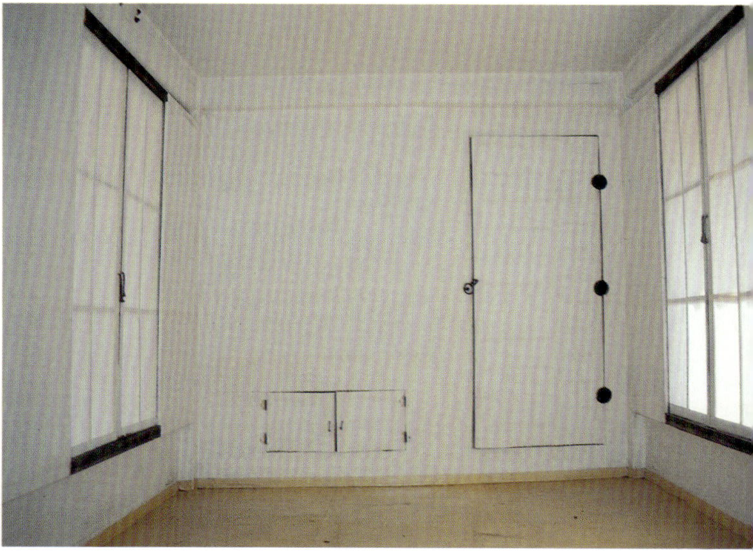

그림 76. 면적 조형(연경당 안방 내부)

그림 77. 선적 조형(연경당 안방 외부)

무채색 배경 속에 병풍이나 가구는 일부 화려하고 밝은 색조를 사용하여 사랑채에 비하여 전체적으로 밝고 우아한 공간 조형 의장적 특성을 지니고 있다(그림 43, 44, 46, 47 참조).

시각적 연속성의 공간 조형 의장

시각적 연속성이란 각각의 다른 장면이 하나의 흐름을 가지고 연결되면서 일정한 공간이나 거리를 통과하도록 시각적으로 유도되는 성격을 말한다. 조선 상류 주택은 정문인 솟을대문을 통과하여 행랑마당에 이르면 자연스럽게 우측(혹은 좌측)의 사랑채로 통하는 문이 연속적으로 출현하며, 이 문을 들어서면 사랑 마당을 포함한 사랑채가 나타나게 되어 있다. 이러한 일련의 과정으로 연결되는 사랑채 및 안채 공간은 외부적으로 그리고 내부적으로 연속적이다. 특히 안채에서 사랑채에 이르는 공간과 공간이 창호를 개방하였을 경우 시각적인 연속성을 보여줌으로써 공간적 조형 의장의 효과를 보여준다(그림 78, 79).

공간의 개방성 및 상호침투성의 조형 의장

조선 상류 주택은 외부적으로는 폐쇄적이고 내부적으로 개방적이라고 할 수 있다. 공간 조형 의장에 있어 개방적인 특성을 가장 잘 나타내주는 공간은 사랑 대청과 안대청 및 사랑채의 누마루이다. 이 공간들은 특히 여름철 외부와의 경계 지점인 창호들을 들어올려 천장에 매다는 형식을 가진 분합문 혹은 들어열개문의 형식으로 나타난다. 이렇게 창호를 완전히 걷어올린 상태의 대청 공간과 누마루 공간은 마치 하늘을

그림 78. 연경당의 시각적 연속성 (사랑채에서 안채를 바라봄)

그림 79. 연경당의 시각적 연속성 (안채에서 사랑채를 바라봄)

나는 듯한 해방감을 느끼게 한다. 이러한 느낌은 내부 공간과 외부 공간이 하나가 되어 상호침투하는 효과를 보여주면서 유기적 공간이 실현되는 것이다(그림 80).

인간의 욕구에 대한 상징성 부여로서의 색채 및 문양의 조형 의장

우리 나라는 오래전부터 음양오행 사상에 근거하여 색채 문화를 형성하여 왔다. 일상 생활 속에서의 색채는 아름다움을 추구하기 위한 요소일 뿐만 아니라 사상을 바탕으로 한 의미와 상징적인 수단으로 사용되어 왔다. 즉 전통 사회에서의 색채는 우주 만물의 질서와 조화를 나타내는 사상 체계에 따라 형성되었다. 이러한 사상에 근거하여 일상 생활에서도 색채를 사용하는 데 있어 주술적 의미를 많이 부여하였다.

예를 들어, 오행에서 적색과 청색은 양의 색이므로 음인 악귀나 병마를 쫓는 효과가 있다고 생각하였으며, 색동옷에는 무병 장수를 비는 주술적인 의미가 들어 있다. 조선 상류 주택 내부 공간에 나타난 색채는 인간적인 감정을 억누르고 인격이나 형식 그리고 규범을 중시하는 유교적 사고와 국가로부터의 제약 때문에 이렇다할 색채 문화를 발전시키지 못하였다. 따라서 조선 상류 주택은 선비답게 고상하고 소박한 색채를 사용해야 했다.

우리 나라의 전통 문양도 색채와 마찬가지로 생활 주변을 단순히 아름답게 장식하는 데에만 목적이 있는 것이 아니라, 조상들의 생활 철학에서 비롯된 복잡한 상징적 의미를 내포하고 있다. 즉 전통 문양은 상징적 의미로써 사람들의 생각과 감정을 전달하는 의사 표현 수단의 역할을 하였는데, 대표적 문양으로 자연문, 동물 및 식물문, 기하학과 실상

그림 80. 연경당 대청의 개방성 및 상호 침투성

문 등이 있다.

조선 상류 주택 내부 공간에 있어서의 문양은 주로 창호에서 나타나는데 띠살 · 용자살 · 완자살 · 아자살 · 정자살 · 빗살 · 귀자살 · 귀갑살 · 솟대살 · 복합형 등의 문양이 있다. 일반적으로 안방이나 건넌방의 마당 쪽으로 난 창호는 대부분 완자살 · 아자살이고 사랑방에는 용자살이 보통 쓰인다. 이 위에 설치하는 덧문은 띠살이 통례이며, 사랑방의 사랑 대청으로 향한 문은 불발기 창이 많다.

창문 이외에 문양이 사용된 곳은 난간으로 동자 기둥의 모양에 따라 교란과 계자 난간으로 나뉘며 난간의 살 문양에는 아자살 · 완자살 등이 있다. 이러한 난간은 주로 누마루에 사용되는데, 누마루의 머름대 부분에는 운문의 문양이 들어간 곳이 많아 마치 구름 위에서 시조를 읊으며 풍류를 즐기는 선비들의 모습을 연상하게 한다(주남철, 『한국주택건축』, pp. 256~257 인용).

그림 81. 가구의 목리문

2. 가구의 조형 의장성

소박한 자연미의 조형 의장

조선 상류 주택의 가구는 전반적으로 소박한 자연미를 느끼게 한다. 이러한 자연미는 서양이나 동양의 다른 국가와 비교해 볼 때 차별적으로 나타나는 특성으로 다음과 같은 사항들을 그 원인이라 할 수 있다

① 조선의 가구는 과장적인 형태, 투각 장식, 색채 효과를 위한 페인트 등 가능한 한 인공적인 조작을 피하여 제작되었다.
② 조선의 가구는 목리문을 잘 드러나게 함으로써 목재가 갖고 있는 가구의 질감미를 극대화하고 있다. 자연적인 질감, 즉 목재의 아름다운 목리문을 드러내기 위하여 원목에 페인트칠을 하지 않고 콩 · 호두와 같은 식물성 기름을 사용하였다(그림 81).
③ 조선의 가구는 무장식의 미와 함께, 투각이나 금속 장식 등과 같은 인위적 장식을 최대한 자제함으로써 유교의 근본 사상인 청빈함을 실천하였다.

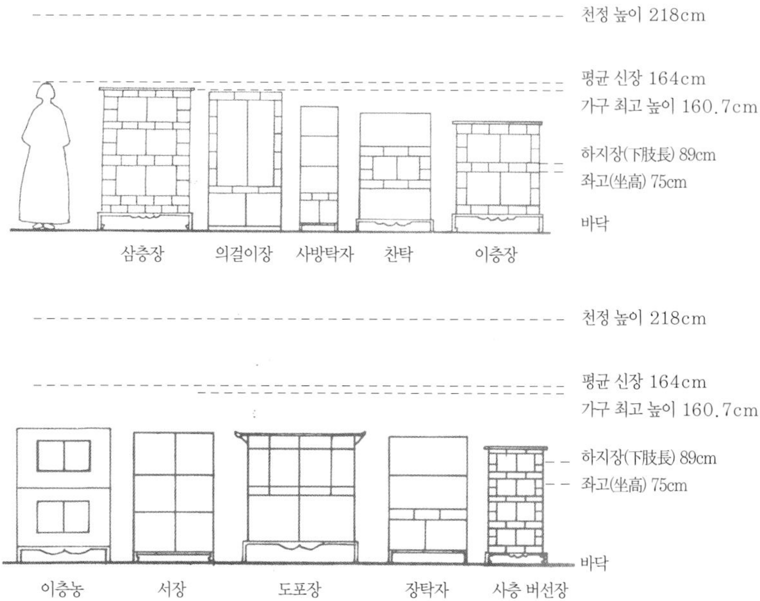

그림 82. 선 키와 가구
출처: 배만실, 『한국 목가구의 전통양식』, p. 70, 이화여대출판부, 1988.

인간적 스케일의 가구 조형 의장

조선 상류 주택의 가구는 내부 공간 속에서 각각의 생활 기능에 따라 인간의 선 키와 앉은 키에 맞는 스케일을 갖추고 있다. 그 특성은 다음과 같다(그림 82, 83).

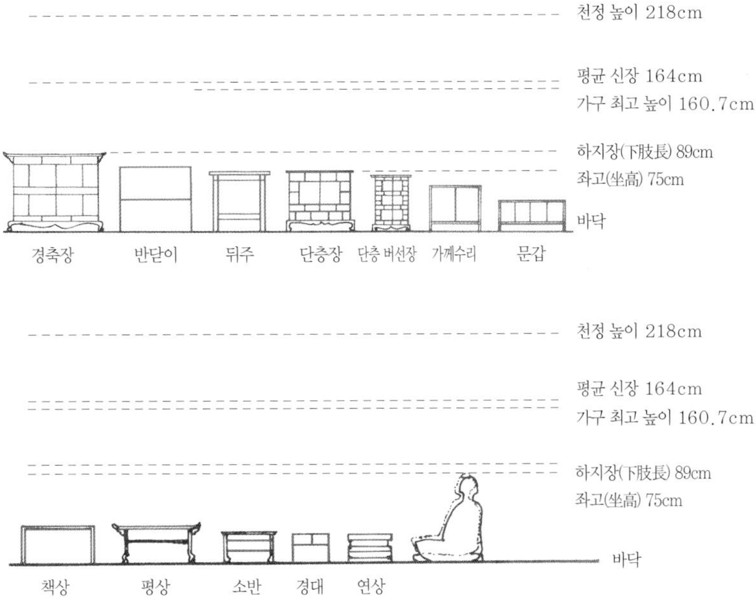

그림 83. 앉은 키와 가구

① 조선의 가구는 입식 및 좌식 생활에 맞도록 만들어졌다.

② 사람의 선 키를 기준으로 하여 폭이 좁고 높이를 강조하는 가구로 장 · 농 · 탁자류를 사용하였다.

③ 사람의 앉은 키를 기준으로 폭을 강조하고 높이를 낮게 한 가구로 문갑 · 반닫이류를 사용하였다.

그림 84. 장서상(長書床) 19c, 국립중앙박물관 소장

단조로운 윤곽미

조선 상류 주택의 가구를 보면 형태적으로 단순한 윤곽미의 특징이 있다. 이는 주로 사각형 형태를 사용함으로써 서양이나 동양의 다른 나라에서 볼 수 있는 타원이나 원과 같은 다양한 형태를 도입하지 않았다(그림 55, 58, 59, 69 참조).

따라서,

① 조선의 가구는 수직적으로나 수평적으로 주로 직선을 많이 사용하였다.

② 조선의 가구는 면의 형태로는 장방 혹은 정방형의 형태를 많이 사용하였다.

아름다운 비례미

조선 상류 주택의 가구는 멀리서 바라볼 때, 실내 공간에 놓여 있는 전체적인 볼륨감이 그 공간에 알맞은 느낌을 준다. 가구 전체로 볼 때, 그 기능에 따라 설치되어 있는 부분적 요소인 문짝이나 서랍 등과의 관계성, 즉 장이나 농류의 장방형 · 정방형의 머름칸 · 문짝 · 서랍 및 쥐벽칸 등의 연속적인 구성이 각각 쇠목 · 가루동자 · 기둥과 더불어 아름다운 비례의 조화를 이루고 있음을 볼 수 있다(그림 55, 58, 66, 68 참조). 그 내용을 살펴보면,

① 조선 가구의 입면 구성에서 나타난 단일비에 있어서, 가장 사용 빈도가 높은 비례 수치는 1.62로 황금비에 가깝다. 그 다음으로는 자승근 비(루트 2, 루트 3), 그 다음으로는 정방형 비(1 : 1)이다.

② 조선 가구의 정면 윤곽 비는 1 : 1.3 이상은 사방탁자나 책장처럼 수직 방향의 요소가 강조된 것이 많고, 1 : 0.8 미만은 수평 방향이 강조된 가구들이 많다.

③ 내실 용품이 장식적이고 안정 위주인 데 비하여 사랑 용품에 있어서는 그들 가구가 차지하는 공간을 최대한 줄임으로써 실내 공간을 더욱 쾌적하게 사용하고자 하였다 (그림 84).

그림 85. 가구의 문양
출처: 배만실, 『한국 목가구의 전통양식』, p. 165, 이화여대출판부, 1988,

인간의 소망을 상징하고 있는 장식 문양

조선 상류 시대의 가구는 대체적으로 과다한 장식이나 문양을 피해서 제작하려는 의도를 엿볼 수 있다. 그러나 불가피한 경우, 그것은 물체의 조형적인 아름다움을 충족시키기보다는 행운과 장수를 염원하는 인간의 소망을 상징적으로 표출하고자 하는 의도가 강하였다. 그 내용을 살펴보면,

① 조선 가구의 문양은 유교 사상의 검소한 생활 철학으로 가구 문양 역시 화려하지 않고 지나친 장식을 삼갔다.

② 조상을 섬기고 부모에게 효도하고 부부의 예를 지키며, 자식의 복록을 기원하며 악귀를 쫓고 수복을 염원하는 사상이 그 시대의 생활 문양으로써 주술적으로 표현되고 도식화되었다.

③ 문양에서는 자연 현상에서 장수를 염원하는 서기(瑞氣)를 찾고[자연문], 동 · 식물의 영상에서 5복을 갖춘 서상(瑞像)을 찾았으며[동 · 식물문, 서수문(瑞獸紋)], 길상어문에서 수복강령과 부귀다남을 염원하는 서몽(瑞夢)을 품었다(그림 85).

맺는 글

주거 건축에 대한 연구는 어떤 건축보다도 근원적이다. 그것은 바로 인간의 삶에 대한 넓고 깊은 통찰력과 인간의 본성에 대한 세심한 이해가 필요하기 때문이다. 특히 건축의 내부 공간은 사람들이 얼굴을 맞대고 사는 장소이며 생활을 위해 가구와 기물들을 사용하는 공간이다. 그곳에서는 각기 그 공간의 기능에 따라 인간이 편안하게 활동할 수 있도록 모든 조건이 조성되어야 한다.

현대인들은 편안하고 쾌적한 환경에 익숙해 있다. 이러한 편안함과 쾌적함은 대부분 서양의 문화를 통하여 우리 나라에 정착된 환경이라 해도 과언이 아니다. 서구의 생활 양식이 주는 편안함과 쾌적함이 주거 생활의 이상적 목표가 될 수 없다는 것을 깨닫고 동양의 문화를 탐구하기 시작한 것은 서양인들이다. 언제부터인가 우리도 현대의 주거 문화가 주는 정서적 메마름, 기계적이고 형식화된 삶을 바탕으로 구현되는 획일적 방식의 주거 환경에서 벗어나고자 여러 가지 대안을 모색해 왔다.

이 책에서는 현대 주거 문화의 부정적인 면에 대한 대안으로 우리 선조들이 영위해 왔던 전통적인 생활 양식 그리고 그 양식에 따른 공간 구성과 조형 의장을 살펴봄으로써 우리 전통 건축이 지닌 긍적적인 면을 모색해 보았다.

이러한 전통 주거 건축에 대한 연구는 우리의 현대적 삶을 다시 한번

되돌아보게 해준다. 그것은 인간의 본성에 근거한 삶의 방식으로서의 현대적 삶에 대한 바람이다. 또한 그러한 이상적인 삶을 담는 그릇으로서의 현대적 건축 공간과 조형 의장에 대한 바람이다. 현재 우리는 현대의 생활 양식에 의해 현대의 공간과 조형 의장을 추구하고 있지만 과거의 생활 양식에서 얻은 지혜를 현대의 주거 생활 속에서 부단히 계승시켜야 할 것이다.

나아가서 우리 나라의 전통적인 주거 건축 문화가 보편적인 가치를 갖기 위해서는 먼저 그 속에 내포되어 있는 가치를 발견하고 과학적이고 논리적인 바탕 위에 그 우수성을 꾸준히 증명해야 할 것이다. 그 다음으로는 우수성을 유발시킨 전통적 본질을 현대적 건축 공간과 조형 의장으로서 계승 발전시키고 세계화시키려는 부단한 노력이 있어야 할 것이다.

찾아보기

참고 문헌

강석오, 『신한국 지리학』, 새글사, 1971.

고대민족문화연구소, 『한국민속대관』 2, 1980.

김광언, 『한국의 주거민속지』, 민음사, 1988.

김동욱, 『한국건축의 역사』, 기문당, 2003.

대한건축학회 편, 『한국건축사』, 기문당, 2003.

박선희, 「조선시대 반가의 주생활과 공간사용에 관한 연구」, 연세대학교 박사학위 논문, 1991.

박영순외, 『우리 옛집 이야기』, 열화당, 1998.

배만실, 『이조 목공 가구의 미』, 보성문화사, 1983.

——, 『한국 목가구의 전통양식』, 이화여자대학교출판부, 1988.

——, 『조선 후기 목공가구의 일 연구』, 이화여자대학교 박사학위 논문, 1974.

손세관, 『북경의 주택』, 열화당, 1995.

윤장섭, 『한국 건축사』, 동명사, 1973.

이광규, 『한국 가족의 구조 분석』, 일지사, 1986.

전경배 · 윤응렬, 『주택 계획론』, 산업도서출판공사, 1986.

정인국, 『한국 건축 양식론』, 일지사, 1980.

주남철, 『한국 주택 건축』, 일지사, 1980.

——, 『한국 건축 의장』, 일지사, 1998.

최상헌, 「조선상류주택 내부공간과 인체 치수와의 상관성에 관한 연구」, 서울대학교 박사학위 논문, 1992.

최 상 헌

1951년 경남 마산 출생

서울대학교 건축학과 졸업 (공학사, 공학석사)

미국 Pratt 건축대학원(New York) 졸업(M. Arch.)

서울대학교 대학원 건축학과 졸업 (공학박사 Ph.D.)

은당실내디자인 연구소, 미국 Johanson & Bhavnani Architects 건축설계사무소,

미국 Hambrecht Terrell International 건축/실내디자인 사무소 근무.

덕성여자대학교 예술대학 산업미술학과 실내디자인전공 교수,

중앙대학교 건설대학 건축공학과 교수 역임.

현재 중앙대학교 건설대학원 실내건축학과 교수.

저서

『그래픽 인테리어』(공저), 중앙일보사, 1990

『리빙 인테리어 2000』(공저), 중앙일보사, 1991

『실내디자인 총설』(공저), 한국실내디자인학회, 1992

『개정 실내디자인 총설』(공저), 한국실내디자인학회, 1993

『실내디자인 각론』(공저), 한국실내디자인학회, 1997

『인체치수와 실내공간(*Human Dimension & Interior Space*)』(편역서), 대우출판사, 1991

『인테리어 환경디자인(*Interior Environmental Design*)』(공역서), 시그마프레스, 2005

이화여자대학교출판부 기획 시리즈

'우리 문화의 뿌리를 찾아서'

1. 한국사 입문 신형식 지음
2. 전통 한복의 멋-노리개 이경자 지음
3. 한국의 지붕 · 선 임석재 지음
4. 한국의 창 · 문 임석재 지음
5. 한국의 돌 · 담 · 길 임석재 지음
6. 한국의 전통 공간 임석재 지음
7. 한국의 꽃살 · 기둥 · 누각 임석재 지음
8. 우리춤 김말복 지음
9. 한국 고전여성작가의 시세계 이혜순 지음
10. 한국의 탈춤 조동일 지음
11. 한국의 전통 교육 최완기 지음
12. 한국의 풍속 : 민간 신앙 최준식 지음
13. 한국의 전통 사회 : 화폐 원유한 지음
14. 한국의 전통 공예 : 도기 나선화 지음
15. 한국의 전통 선박-한선(韓船) 최완기 지음
16. 한국의 여행 문학 김태준 지음
17. 한국의 전통 사회 : 시장 정승모 지음
18. 한국의 전통 공예 : 소반 배만실 지음
19. 조선 상류 주택의 내부 공간과 가구 최상헌 지음
20. 한국의 전통 사회 : 운송 기구 최운식 지음
21. 한국의 종교 : 불교 최준식 지음

근간

한국의 전통 천문학 박창범 지음

한국의 전통 무예 : 18기 최복규 지음

한국의 풍속 : 잔치 윤서석 지음

한국의 음식 : 김치 김숙희 지음

한국의 전통 사회 : 마을 오홍석 지음

조선 상류 주택의 내부 공간과 가구

펴낸날 1판 1쇄 2006년 6월 20일 1판 2쇄 2007년 11월 10일
지은이 최상헌 _ **펴낸이** 최민숙 _ **펴낸곳** 이화여자대학교출판부
주소 서울특별시 서대문구 대현동 11-1 (120-750) _ **등록** 1954년 7월 6일 제9-61호
전화 02-3277-2965, 2966(편집부) 02-3277-3164, 362-6076(영업부) _ **팩스** 02-312-4312
e-mail press@ewha.ac.kr _ **인터넷서점** http://www.ewhapress.com
편집 책임 정경임 _ **디자인** GNA Communications _ **찍은곳** (주)백산인쇄

값 12,000원
ISBN 978-89-7300-685-4 04380
ISBN 978-89-7300-602-9 (세트)